Vanessa Bedjaï-Haddad

Darmfood

Rezepte und Ernährungstipps für eine gesunde Verdauung

Fotos: Alice Princet
Rezepte und Food Styling: Isabelle Brouant

h.f.ullmann

Vorwort

Wohlbefinden und Gesundheit beruhen in erheblichem Maße auf unserer Ernährung.

Aus physiologischer Sicht führen wir mit der Nahrung dem Organismus alles zu, was er Tag für Tag braucht, um optimal zu funktionieren: Energie, Nährstoffe und Mikronährstoffe. Über diese rein biologische Notwendigkeit hinaus hat eine Mahlzeit auch eine wichtige soziale Komponente: Essen soll Genuss bereiten, entspannen und in geselliger Runde Spaß machen.

Was wir essen, trägt dazu bei, wie wohl wir uns in unserem Körper, geistig und seelisch und generell in unserem Leben fühlen. Deshalb ist eine hochwertige, ausgewogene, vielseitige und vor allem gut verdauliche Ernährung so wichtig. Gerade dieser letzte Aspekt wird oft vernachlässigt, ist aber entscheidend dafür, wie fit und gesund wir uns fühlen. Selbst die beste Ernährung nützt uns nichts, wenn die Verdauung gestört ist.

Verdauung ist ein komplexer, störanfälliger Prozess. Neben Gewichtsproblemen sind Verdauungsbeschwerden der Hauptgrund, warum Menschen einen Ernährungsberater aufsuchen. Viele vermuten, allein die Ernährung sei die Ursache ihrer Symptome, und wenn sie bestimmte Lebensmittel weglassen, sei das Problem gelöst. Dabei gibt es keinen vernünftigen Grund, auf bestimmte Nahrungsmittel auf Dauer zu verzichten, es sei denn, es liegt eine Krankheit oder nachgewiesene Allergie vor. Letzten Endes dreht sich bei unserer Verdauung alles um die individuelle Verträglichkeit. Wenn wir uns nicht wohlfühlen, können dafür zahlreiche andere Faktoren verantwortlich sein, etwa Stress, Schlafstörungen, Bewegungsmangel oder unregelmäßige Essenszeiten.

Dieses Buch stellt Ihnen Rezepte für besonders gut bekömmliche Gerichte vor. Vor allem aber möchte ich Sie dafür sensibilisieren, wie unsere Verdauung eigentlich abläuft und welche Ursachen Verdauungsstörungen oft haben. Dann können Sie meine Tipps und Empfehlungen dauerhaft und leicht in Ihren Alltag integrieren.

Vanessa Bedjaï-Haddad

Die Ökotrophologin, Ernährungsberaterin und -trainerin Vanessa Bedjaï-Haddad praktiziert in Paris. Sie begleitet, unterstützt und motiviert alle, die sich in ihrem Körper nicht wohlfühlen, mit ihrem Gewicht unzufrieden sind oder sich gesünder ernähren möchten. Ihr Fokus liegt dabei auf den Makro- und Mikronährstoffen sowie dem Essverhalten.

Inhalt

Grundlagen

WIE FUNKTIONIERT UNSERE VERDAUUNG? 12
Mund und Speiseröhre 12
Magen 12
Bauchspeicheldrüse, Leber und Gallenblase 12
Dünndarm 13
Dickdarm 13

IM BLICKPUNKT: ENZYME 13
Welche Enzyme sekretiert der Körper selbst? 13
Welche Enzyme müssen wir mit der Nahrung aufnehmen? 15

WIE WIRKT SICH DIE VERDAUUNG AUF UNSERE GESUNDHEIT AUS? 16
Gibt es im Bauch ein zweites Gehirn? 16
Das Ökosystem im Darm – eine Frage des Gleichgewichts 16
Das intestinale Mikrobiom 17

WAS ZEICHNET EINE GESUNDE ERNÄHRUNG AUS? 20
Welche Makronährstoffe benötigen wir? 20
Welche Mikronährstoffe benötigen wir? 24

NAHRUNGSMITTEL UND IHRE VORZÜGE 26
Nahrungsmittelfamilien 26
Allgemeine Tipps 27

SOLLTE MAN BESTIMMTE NAHRUNGSMITTEL MEIDEN? 30
Nahrungsmittelallergien und -unverträglichkeiten 31

WIE LINDERT MAN SODBRENNEN UND REFLUX? 33

WAS TUN GEGEN BAUCHSCHMERZEN? 34

SCHLUSS MIT DEM BLÄHBAUCH 36

WAS VERSTEHT MAN UNTER TRANSITSTÖRUNGEN? 38

WAS HILFT BEI REIZDARM? 40

MEINE SPEISEKAMMER 48

FAQ 52

Rezepte

SMOOTHIES & VORSPEISEN

Veggie-Smoothie in Smaragdgrün 60

Veggie-Smoothie in Zitronengelb 60

Veggie-Smoothie in Sonnenorange 62

Veggie-Smoothie in Pflaumenblau 64

Veggie-Smoothie in Bonbonrosa 64

Cocktails als Verdauungshelfer 67

Avocadosalat mit Scampi und Birne 68

Quinoa-Taboulé mit Erbsen 70

Flans aus gelben Zucchini 73

Kürbis-Maronen-Suppe 74

Feldsalat mit Roter Bete und
wachsweichem Ei 76

Karotten-Kokos-Gazpacho mit
Koriander 78

HAUPTGERICHTE

Zucchini mit Schafskäse überbacken 82

Meeresfrüchtespieße mit Gemüsepüree 84

Kabeljau in Kokossauce mit Kartoffeln 86

Lachs-Spinat-Quiche 89

Seeteufelmedaillons mit Zucchini-
Tagliatelle 90

Putenspieße mit frischer Ananas 92

Kaninchen in milder Senfsauce 94

Hähnchen mit Minze-Ingwer-Sauce 96

Gedünsteter Fenchel mit Orangensaft 98

Karotten-Zucchini-Muffins 101

Quinoa-Risotto mit Spargel 102

DESSERTS

Pfirsichauflauf mit Eisenkraut 106

Mandelmilchreis mit Mangokompott 108

Gebackene Feigen mit Zimthonig 111

Schnee-Eier auf Beeren-Coulis 112

Leichte Schokocreme 114

Apfel-Bananen-Quitten-Kompott 116

Kokospudding 118

Saftiger Apfelkuchen 121

Backpflaumen-Muffins 122

TEIL 1

Grundlagen

WIE FUNKTIONIERT UNSERE VERDAUUNG?

Sinn und Zweck unserer Ernährung ist in erster Linie, unserem Organismus genügend Rohstoffe und Energie zu liefern, damit er optimal funktionieren, wachsen und sich fortwährend regenerieren kann.

Dafür müssen wir alles, was wir essen und trinken, erst einmal verdauen. Die Nahrungsmittel werden in Nährstoffe aufgespalten – in winzige Moleküle, die der Körper aufnehmen und über den Blutkreislauf zu den Zellen transportieren kann.

Diese komplexe Aufgabe bewältigt unser Verdauungsapparat. Er besteht aus:

• dem rund zehn Meter langen Verdauungstrakt, der für die Weiterbeförderung der Nahrungsmittel zuständig ist. Er umfasst **Mund, Rachen, Speiseröhre, Magen, Dünn-, Dick- und Mastdarm sowie den After;**
• weiteren damit verbundenen Organen wie **Speicheldrüsen, Leber, Bauchspeicheldrüse und Gallenblase.**

Mund und Speiseröhre

Schon im Mund beginnt die Verdauung durch die **Kaubewegungen bei gleichzeitigem Einspeicheln der Nahrung.** Sie wird dabei zu einem weichen Brei zerkleinert, der heruntergeschluckt wird und durch die Speiseröhre in den Magen gelangt.

Magen

Im Magen **wird der Nahrungsbrei durchgeknetet, zerkleinert und mit Verdauungssäften vermischt. Ihre Aufgabe ist es, die darin enthaltenen Nährstoffe** (Proteine, Fette und Kohlenhydrate) **aufzuschließen,** bis sie so klein sind, dass sie durch die Darmwand passen und der Körper sie aufnehmen kann.

Bauchspeicheldrüse, Leber und Gallenblase

Sobald der Magen die Ankunft von Speisebrei signalisiert, **bildet die Bauchspeicheldrüse ein Sekret aus mehreren Verdauungsenzymen.** Sie zerlegen die komplexen Proteine, Fette und Kohlenhydrate in einfachere Moleküle, die dann vom Darm resorbiert werden können.

Gelangt der aus der Nahrung gewonnene Zucker dann ins Blut, **sondert die Bauchspeicheldrüse das Hormon Insulin ab,** das den Zucker an die Zellen verteilt, die ihn gerade benötigen.

Die Leber ist ein sehr wichtiges Organ. Ihre Aufgaben sind:

• **die Speicherung** der Vitamine A, D, E und K sowie von Zucker, den sie freisetzt, wenn der Organismus ihn benötigt;

- **die Produktion** von Cholesterin, Fettsäuren, vielen Bluteiweißen, Gerinnungsfaktoren und Gallensaft (der in der Gallenblase gespeichert wird);
- **die Entgiftung des Organismus.** Die Leber filtert das Blut. Sie neutralisiert und eliminiert Stoffe, die giftig sein können, darunter alte rote und weiße Blutkörperchen, Ammoniak, Alkohol, Medikamente, bestimmte Bakterien und vieles mehr.

Der angedaute Speisebrei wird vom Magen in den Darm weiterbefördert.

Dünndarm

Die erste Etappe ist der Dünndarm. Hier findet die **Resorption statt, also die Aufnahme der Stoffe, die unser Organismus zum Leben braucht:**

- der durch Aufspaltung von Vielfachzuckern entstandenen Einfachzucker;

- der durch Aufspaltung von Fetten entstandenen Fettsäuren, Cholesterine und Triglyzeride;

- der durch Aufspaltung von Proteinen entstandenen Aminosäuren;

- von Wasser, Vitaminen und Mineralien.

Direkt in den Darmwänden münden Blutgefäße. Ist von der »Resorption« oder »Aufnahme« von Nährstoffen die Rede, ist damit ihr Übergang in den Blutstrom gemeint, der die Nährstoffe in die Zellen aller Organe unseres Organismus trägt.

Dickdarm

Der letzte Abschnitt unseres Verdauungstrakts besteht aus Dickdarm, Mastdarm (Rektum) und After.

Die Nährstoffe werden im Wesentlichen schon im Dünndarm aufgenommen. **Der im Dickdarm eintreffende Rest des Speisebreis besteht aus unverdaulichen Stoffen, denen die Verdauungssäfte nichts anhaben können.** Unser Darm wird von Milliarden Bakterien besiedelt, die eine sehr wichtige Aufgabe haben: Sie runden den Verdauungsprozess ab und produzieren dabei für den Organismus wertvolle Stoffe, darunter bestimmte Vitamine. Als letzte Etappe gelangt der ehemalige Speisebrei als Stuhl vom Dickdarm in den Mastdarm und wird schließlich durch den After ausgeschieden.

Im Blickpunkt: Enzyme

Wie schon weiter oben erwähnt, sekretiert die Bauchspeicheldrüse bestimmte Enzyme, die für den Verdauungsvorgang unverzichtbar sind.

Welche Enzyme sekretiert der Körper selbst?

Die zwischen Mund und Darm an verschiedenen Stellen im Verdauungstrakt gebildeten **Verdauungsenzyme** ermöglichen dem Körper die Verdauung und Aufnahme der Nährstoffe, die er zum Leben benötigt. Enzyme spalten die Nahrung in Moleküle auf, die so klein sind, dass sie durch die Darmwand passen und mit dem Blutkreislauf zu den Zellen befördert werden.

Grundlagen

Nahrungsmittelfamilien	Nahrungsmittel	Verdauungszeit
Getränke	Wasser	0
	Obst- und Gemüsesäfte	15 Minuten
	Obst- und Gemüse-Smoothies	20 Minuten
Früchte	Wassermelonen	20 Minuten
	Melonen	30 Minuten
	Orangen, Grapefruit, Weintrauben	30 Minuten
	Äpfel, Birnen, Pfirsiche, Kirschen	40 Minuten – 1 Stunde
Gemüse	roh	30 – 40 Minuten
	gegart	40 – 50 Minuten
Stärkehaltige Nahrungsmittel	polierter Reis, Nudeln, Weizen etc.	1 Stunde
	Kürbis, Mais, Kartoffeln, Süßkartoffeln etc.	1 Stunde
	Getreide: Hafer, Hirse, Naturreis, Buchweizen etc.	1½ Stunden
	Hülsenfrüchte: Linsen, Trockenerbsen, Kichererbsen, rote Bohnen, Flageolettbohnen etc.	1½ Stunden
Ölfrüchte	Walnüsse, Haselnüsse, Mandeln etc.	2 – 3 Stunden
Milchprodukte	Milch, Käse etc.	40 Minuten – 2 Stunden
Fleisch / Fisch / Ei	Eigelb	30 Minuten
	Vollei	45 Minuten
	Weißfische: Kabeljau, Seezunge etc.	30 Minuten
	Fettfische: Lachs, Hering, Sardinen, Sardellen etc.	45 Minuten – 1 Stunde
	Hähnchen ohne Haut	1 – 2 Stunden
	Pute ohne Haut	1 – 2 Stunden
	Rind-, Lammfleisch	3 – 4 Stunden
	Schweinefleisch	4 – 5 Stunden

Stoffwechselenzyme steuern und pflegen die Gewebezellen aller Organe und halten sie damit im Großen und Ganzen funktionstüchtig.

Welche Enzyme müssen wir mit der Nahrung aufnehmen?

Nahrungsenzyme sind von Natur aus in bestimmten (rohen, gekeimten oder fermentierten) Nahrungsmitteln enthalten oder werden Lebensmitteln bei der Herstellung zugesetzt. Für den Organismus bilden sie eine externe Quelle von Verdauungsenzymen. **Ihre Aufgabe ist es, die Verdauung zu fördern, ohne dass der Körper seine eigenen Enzyme angreifen muss.** Eine hochwertige, abwechslungsreiche und ausgewogene Ernährung mit reichlich frischem Obst und Gemüse sorgt dafür, dass unser Körper besser funktioniert.

Allerdings sind Enzyme empfindlich und vertragen insbesondere keine Hitze. Die meisten gehen schon bei 45 °C zugrunde. Um sie nutzen zu können, sollten unsere Nahrungsmittel eher roh als gegart sein (z. B. in Form von Salat oder Saft) oder am besten behutsam gedämpft anstatt im Schnellkochtopf gekocht werden.
Apotheken, Drogerien und Fachgeschäfte bieten Enzympräparate als Nahrungsergänzungsmittel an. Sie enthalten Enzyme, die aus Pflanzen (Ananas, Papaya), tierischen Produkten (Schwein) oder durch mikrobielle Fermentation (aus Pilzen, Hefen, Bakterien) gewonnen werden.

Ein Ernährungsberater kann Ihnen genau sagen, ob sie genügend Enzyme mit der Nahrung aufnehmen oder ob Ihnen ein Nahrungsergänzungsmittel gut tun würde.

DIESE NAHRUNGSMITTEL LIEFERN REICHLICH ENZYME

- **Gemüse und Würzkräuter,** am besten roh, als Salat oder Saft, damit sie ihre Vorzüge voll entfalten können;
- **Obst:** Avocado, Banane, Mango oder Papaya. Ananas enthält das verdauungsfördernde, entzündungshemmende Bromelain, in Papayas steckt das fiebersenkende, blutverdünnende Papain;
- **Getreide, Ölfrüchte und -saaten:** Walnüsse, Haselnüsse, Mandeln, Getreidekeime, Keimsprossen, Anissamen, Bockshornklee etc.;
- **milchsauer vergorene Lebensmittel:** Sauerkraut, Kefir, Miso etc.

WIE WIRKT SICH DIE VERDAUUNG AUF UNSERE GESUNDHEIT AUS?

All diese Informationen machen Ihnen sicher deutlich, dass die Verdauung ein komplexer Prozess ist und für das ordnungsgemäße Funktionieren unseres Organismus eine wesentliche Rolle spielt. Eine gute Verdauung ist Voraussetzung für die optimale Aufnahme all dessen, was unser Körper an Makro- und Mikronährstoffen, Vitaminen, Mineralien und Spurenelementen braucht. Sie liefert uns das richtige Maß an Energie, damit wir heute, morgen und in Zukunft fit und gesund sind.

Gibt es im Bauch ein zweites Gehirn?

Seit einiger Zeit ist oft die Rede von unserem »Bauchhirn«. Tatsächlich ist der Verdauungstrakt eines unserer Organe mit den meisten Nervenverbindungen. **Genau wie unser Gehirn enthält er Millionen von Nervenzellen (Neuronen),** die mit denen im Gehirn ständig in Verbindung stehen und so erst die Verdauungsvorgänge ermöglichen. **Auswirkungen auf den Darm haben auch im Gehirn entstehende Gefühle wie zum Beispiel Angst** – das erklärt, warum man oft Bauchschmerzen bekommt, wenn man aufgeregt, ängstlich oder gestresst ist. Bei der Entschlüsselung dieser Wechselwirkung steht die Forschung noch ganz am Anfang. Es handelt sich aber nicht, wie man meinen könnte, um psychosomatische Vorgänge.
Im Licht dieses engen Zusammenspiels **lassen sich bestimmte Beschwerden besser nachvollziehen. Das gilt vor allem für Verdauungsstörungen** bei Menschen mit ausgesprochen empfindlichen Nervenzentren. **Zugleich eröffnen sich damit ungeahnte therapeutische Chancen.** So könnten etwa neurodegenerative Erkrankungen wie Morbus Parkinson im Bauch entstehen, wenn der Körper die Nervenzellen in seinem eigenen Darm angreift. Sollte sich diese Hypothese erhärten, könnte man die Krankheit früher erkennen.

Für unser Thema interessant ist auch die Tatsache, dass in **unserem Bauch eine überwältigende Zahl von Bakterien beheimatet ist.** Über diese 100 Billionen Mikroorganismen haben wir in den letzten zehn Jahren eine Menge Neues erfahren. **Die Darmflora – heute oft auch »intestinales Mikrobiom« genannt** – ist Gegenstand zahlreicher Forschungsprogramme. Sie ist an einer Vielzahl physiologischer Vorgänge, Immunreaktionen und Verdauungsprozesse beteiligt. Wir wissen heute, dass sie entscheidenden Einfluss auf unser Wohlbefinden und unsere Gesundheit hat und deshalb gehegt und gepflegt werden muss.

Das Ökosystem im Darm – eine Frage des Gleichgewichts

Der Darm ist nicht einfach ein Schlauch, sondern leistet viel mehr! Er enthält allein über 100 Millionen Nervenzellen, sekretiert mehr als 20 Neurotransmitter (die mit denen im Gehirn identisch sind), produziert 70–80 Prozent der Immunzellen (Leukozyten) unseres Organismus und beherbergt Milliarden von Bakterien.

Nur wenn sich dieses Ökosystem im Gleichgewicht befindet, sind wir gesund und fühlen uns wohl.

Erst seit rund 20 Jahren stellt man sich den **Darm als Ökosystem vor** und erkennt seinen Stellenwert nicht nur bei der Verdauung und Resorption, sondern auch bei der Abwehr externer Angriffe. Gerät das System aus dem Gleichgewicht (was nicht selten vorkommt), kann dies die verschiedensten Erkrankungen nach sich ziehen, die überwiegend als Zivilisationskrankheiten gelten. Um gesund zu bleiben, müssen wir deshalb darauf achten, dass unser Ökosystem im Darm gesund und fit ist!

Das intestinale Mikrobiom

Dass Mikroorganismen unseren Darm besiedeln, weiß man erst seit einem knappen Jahrhundert. Eine **Symbiose zwischen der Darmflora und unserem Körper** vermuteten Forscher schon früh, doch fehlten noch die technischen Voraussetzungen für einen Nachweis. Dank entsprechender Technologien findet man heute eine **Fülle an Studien, die diese Mikroben sowie ihre Interaktionen und Auswirkungen auf die Gesundheit untersuchen.**

Bakterien besiedeln den gesamten Verdauungstrakt, vor allem aber den Dünn- und Dickdarm, denn die Magenwände sind aufgrund der Magensäure praktisch steril. In den ersten Lebensmonaten herrscht zwischen all diesen Mikroorganismen ein Gleichgewicht, doch unter dem Einfluss der zunehmend vielseitigen Ernährung, unserer Erbanlagen, von Medikamenten und der Umwelt verändert sich die Zusammensetzung der Darmflora im Laufe der Jahre. Bei Erwachsenen bleibt sie in der jeweils individuellen Mischung mehr oder weniger konstant. Dabei sind einige Bakterienstämme häufiger, andere seltener vertreten.

WAS IST EIN MIKROBIOM?

Ein Mikrobiom umfasst sämtliche Mikroorganismen (Bakterien, Viren, Parasiten, Pilze, Hefen, Schimmelpilze etc.) in einem bestimmten Lebensraum, sei es Tier- oder Pflanzenwelt. Wir alle haben ständig Kontakt mit Mikroorganismen: Sie leben in verblüffenden Mengen im Boden, im Wasser, in der Luft und auf allen Oberflächen, die wir berühren.

In unserem Organismus beherbergen auch der Mund, die Haut und die Genitalien jeweils eigene Mikrobiome, doch das wichtigste ist die Darmflora, die mit 10 14 Mikroorganismen (zehnmal mehr als unser Körper Zellen besitzt) insgesamt knapp zwei Kilo auf die Waage bringt.

Grundlagen

Die Mikroorganismen spielen bei der Verdauung eine wichtige Rolle, denn

- sie fördern die Nährstoffaufnahme,
- sie verwerten für uns unverdauliche Ballaststoffe, die ihnen selbst als Nahrung dienen,
- sie tragen zur Bildung bestimmter Vitamine bei (K, B12, Biotin),
- sie steuern die Resorption von Fettsäuren, Eisen, Magnesium, Kalzium etc.

Darüber hinaus **schützt die Darmflora die Darmschleimhaut,** die eine Schlüsselrolle für die Resorption und das Immunsystem innehat.

Darmschleimhaut und Immunsystem unterscheiden zwischen nützlichen und schädlichen Bakterien. Schon im ersten Lebensjahr ist die Darmflora unverzichtbar, damit das Immunsystem in unserem Darm bei den Bakterienstämmen zwischen Freund und Feind zu unterscheiden lernt und die verzehrten Nahrungsmittel verträgt.

Ist die Darmflora ausgewogen, hilft sie unserem Körper bei der Abwehr von Infektionskrankheiten, Entzündungen, Allergien und anderen Einflüssen. **Stress, ungünstige Ernährungsgewohnheiten, Mangelzeiten und bestimmte Medikamente können das Gleichgewicht stören.** Die Folge sind Verdauungsprobleme: Der Organismus produziert Toxine (Giftstoffe). Sie schwächen das Immunsystem und machen die Darmschleimhaut durchlässig für schädliche Substanzen, die Unverträglichkeiten oder sogar Krankheiten auslösen können.

Mehrere Faktoren können Veränderungen und Störungen des intestinalen Mikrobioms bedingen:

- **Antibiotika** verhalten sich äußerst aggressiv gegenüber der Darmflora. Da sie einen Teil der nützlichen Bakterien vernichten, können sich die schädlichen umso leichter vermehren. Auch Abführmittel, nichtsteroidale Antirheumatika, Hormonpräparate und Verhütungsmittel können die Darmflora verändern. Magen-Darm-Beschwerden im Rahmen einer medikamentösen Behandlung beruhen meist auf einer gestörten Darmflora.

- Die **Ernährung** beeinflusst ebenfalls Zusammensetzung und Zustand der Darmflora. Die Menschen in den westlichen Ländern nehmen heutzutage viel zu viele »leere« Kalorien zu sich, meist in Form von Süßigkeiten, Brot und Nudeln aus Auszugsmehl, poliertem Reis etc. Die Ballaststoffe, Vitamine und Mineralien, die sie für die Verdauung bräuchten, liefern solche Produkte jedoch kaum. Zudem essen die meisten zu viel tierisches Fett, vor allem in Form von Fleisch, Wurst und Käse, das die Vermehrung und Aktivität vieler pathogener Bakterien begünstigt.

Eine Ernährungsweise mit wenig Obst und Gemüse, dafür aber viel zu viel verarbeiteten Lebensmitteln, Fertiggerichten, Weißmehl, raffiniertem Zucker, Fleisch und Wurst schadet grundsätzlich dem Gleichgewicht des intestinalen Mikrobioms, der Darmschleimhaut und damit der Gesundheit.

ECKDATEN

Das müssen wir unserem Organismus von außen zuführen:

• Energie

Ein mittelgroßer, normalgewichtiger Mann benötigt im Schnitt ca. 2500 kcal pro Tag, eine Frau ca. 2000–2200 kcal pro Tag.

• Nährstoffe

Erstrebenswert sind (in Prozent der gesamten Energiezufuhr):

11–15 % Protein;

35–40 % Fett;

50 % Kohlenhydrate.

Unsere Nahrungsmittel liefern uns durch die darin enthaltenen Nährstoffe Energie:

1 g Protein => 4 kcal

1 g Kohlenhydrate => 4 kcal

1 g Fett => 9 kcal

DAS WICHTIGSTE AUF EINEN BLICK

Eine abwechslungsreiche Ernährung mit hochwertigen jahreszeitlichen Lebensmitteln aus lokaler Produktion ist Voraussetzung für unser Wohlbefinden und unsere Gesundheit. Ist die Verdauung gestört, können wir selbst ausgewogene Nahrung nicht richtig verwerten. Ein rundum gesunder Verdauungsapparat nimmt Makro- und Mikronährstoffe optimal auf, scheidet Giftstoffe leichter aus, verfügt über die nötigen Enzyme und hält das Ökosystem des Darms im Gleichgewicht. Verdauungsvorgänge sind allerdings komplex und deshalb störanfällig. Beschwerden können ganz unterschiedliche Ursachen haben, die nicht immer leicht zu ermitteln sind. Mit Ernährungstipps und Rezepten, die speziell auf bestimmte Probleme abgestimmt sind, möchte dieses Buch Ihnen helfen, Ihre Verdauung in Schwung zu halten, Störungen vorzubeugen und die gängigsten Beschwerden in den Griff zu bekommen.

WAS ZEICHNET EINE GESUNDE ERNÄHRUNG AUS?

Wer sich für eine gesunde Ernährungsweise entscheidet, wählt **bewusst eine ausgewogene, vielseitige und abwechslungsreiche Kost mit hochwertigen jahreszeitlichen Produkten.** Dazu gehört auch die Kenntnis, wie Lebensmittel erzeugt oder hergestellt werden, wie man sie am besten aufbewahrt und zubereitet, wie oft und in welchen Mengen man sie verzehren sollte – denn letzten Endes ist gutes Essen die Voraussetzung nicht nur für Wohlbefinden und Gesundheit, sondern auch für Lebensfreude und Geselligkeit!

Die richtige Ernährung liefert dem Organismus qualitativ und quantitativ die gesamte Energie und alle Makro- und Mikronährstoffe, die er zum Leben braucht. Deshalb sollten wir die Weichen so stellen, dass unser Körper lange fit und gesund bleibt.

Allerdings unterscheidet sich der Energie- und Nährstoffbedarf von Mensch zu Mensch. Geschlecht, Alter, Körpergröße, Gewicht und körperliche Aktivitäten bestimmen, wie viel Energie, Protein, Fett, Kohlenhydrate, Vitamine und Mineralien unser Körper im Normalfall benötigt.

Unsere Ernährung muss daran angepasst sein, denn sonst kommt es zu Mangel-, Unter- oder Überernährung. Das schadet dem Organismus und beschert uns Gewichtsprobleme und Krankheiten.

ZUSAMMENSETZUNG DER NAHRUNG

Die Bestandteile unserer Nahrung liefern unserem Organismus alles, was er braucht, um zu wachsen und sich ständig zu erneuern, aber auch, um tagtäglich alle Lebensfunktionen aufrechtzuerhalten und uns Kraft zu geben.

• **Makronährstoffe mit Brennwert:** tierisches und pflanzliches Eiweiß; Fette (gesättigte Fettsäuren und Cholesterin); ungesättigte Fettsäuren (Omega-3, -6, -9); Kohlenhydrate (Einfach- und Vielfachzucker).

• **Mikronährstoffe ohne Brennwert:** Vitamine A, D, E, K, C und B-Komplex; Mineralien: Natrium, Kalium, Kalzium, Phosphor, Magnesium etc.; Spurenelemente: Eisen, Kupfer, Zink, Chrom, Fluor etc.

• **Wasserlösliche und -unlösliche Ballaststoffe**

• **Wasser**

Welche Makronährstoffe benötigen wir?

Energiequellen
Die in unserer Nahrung enthaltenen Proteine, Fette und Kohlenhydrate versorgen den Or-

ganismus mit Energie. Er verbrennt die Kalorien, die sie liefern, um rund um die Uhr die lebenswichtigen Körperfunktionen aufrechtzuerhalten. Im Idealfall sollte die Energiemenge ausreichen, aber nie zu groß sein.

So hält man sein Gewicht

Wenn Sie zu viele Kalorien verzehren, wird die überschüssige Energie gespeichert, und zwar in Form von Körperfett – Sie nehmen zu. Essen Sie hingegen zu wenige Kalorien, muss der Körper sich die fehlende Energie aus seinen Depots beschaffen – Sie nehmen ab. Das bedeutet aber, dass kein Nahrungsmittel grundsätzlich dick oder schlank macht. Was zählt, ist das ausgewogene Verhältnis zwischen Bedarf und Zufuhr.

Über ihre Funktion als Energielieferanten hinaus erfüllen die verschiedenen Makronährstoffe im Organismus ganz bestimmte Aufgaben.

Proteine im Organismus und in der Ernährung

- Proteine (Eiweiße) dienen unserem Körper als Bausteine. Er braucht sie unter anderem für die fortwährende Erneuerung unserer Muskeln, Haut, Nägel und Haare.
- Proteine sind große Moleküle. Sie setzen sich aus rund 20 verschiedenen kleineren Molekülen zusammen – den Aminosäuren. Elf davon kann der Körper selbst herstellen. Die übrigen nennt man »essenzielle Aminosäuren«, weil sie immer mit der Nahrung aufgenommen werden müssen. Die Zusammensetzung der Aminosäuren in proteinreichen Nahrungsmitteln ist entscheidend für die Qualität unserer Ernährung.

Proteine sind vorwiegend in **Nahrungsmitteln tierischen Ursprungs** enthalten, also in Fleisch, Fisch, Eiern, Milch und Milchprodukten. Diese Proteine nennt man vollwertig, weil sie im Gegensatz zu pflanzlichem Eiweiß viele gut verwertbare essenzielle Aminosäuren besitzen. Allerdings sind tierische Nahrungsmittel auch sehr fettreich. Wer gesund leben will, **schränkt den Verzehr tierischer Nahrungsmittel ein.** Deren Fette belasten nicht nur Herz und Blutgefäße, sondern tierische Produkte schaden generell der Umwelt. Eine gesunde Ernährungsweise sollte solche ökologischen Überlegungen mit einschließen, damit die Ressourcen verantwortungsbewusst genutzt werden.

Proteine sind auch in vielen **pflanzlichen Nahrungsmitteln** wie Getreide, Hülsenfrüchten und Ölfrüchten enthalten, diese besitzen aber weniger essenzielle Aminosäuren als tierisches Eiweiß, einige davon sogar nur sehr geringe Mengen. Getreide zum Beispiel sind arm an Lysinen, Hülsenfrüchte an schwefelhaltigen Aminosäuren. Eine Ausnahme bilden Sojabohnen und die daraus hergestellten Produkte, denn die Zusammensetzung ihrer Proteine ist ausgesprochen ausgewogen.

Ideal für eine hochwertige Ernährung ist es, Hülsenfrüchte (Linsen, dicke Bohnen, Erbsen etc.) und Getreide (Reis, Weizen, Mais etc.) zusammen zu verzehren, da sich die essenziellen Aminosäuren beider Gruppen bestens ergänzen. Die landestypischen Küchen kennen viele solcher Kombinationen, etwa Couscous mit Kichererbsen, Reis mit Soja oder Linsen, Mais mit roten Bohnen.

• Fette im Organismus und in der Ernährung

Fette, auch Lipide genannt, sind die wichtigste Energiequelle für unseren Organismus. Sie spielen eine Rolle bei der Regulierung unserer Körpertemperatur, beim Aufbau unserer Zellen, bei der Bildung bestimmter Hormone und der Aufnahme einiger Vitamine.

In unseren Nahrungsmitteln finden sich unterschiedliche Arten von Fetten, deren Funktion von ihren jeweiligen Eigenschaften abhängt.

Gesättigte Fettsäuren, die sogenannten »schlechten« Fette, lassen bei übermäßigem Verzehr den Cholesterinspiegel ansteigen und erhöhen damit das Risiko von Herz-Kreislauf-Erkrankungen. Man findet sie in Nahrungsmitteln tierischen Ursprungs wie Butter, Sahne, Schmalz, Wurstwaren, Käse und Fleisch, aber auch in Palm- und Kokosfett. **Diese Nahrungsmittel sollte man nur in Maßen verzehren.**

Ungesättigte Fettsäuren, die sogenannten »guten« Fette wie die vielgepriesenen Omega-3-, -6- und -9-Fettsäuren, senken dagegen das Risiko von Herz-Kreislauf-Erkrankungen. Enthalten sind sie in fetten Nahrungsmitteln pflanzlichen Ursprungs wie den Pflanzenölen, Avocados, Ölfrüchten (Walnüssen, Haselnüssen, Mandeln etc.) und Ölsaaten (Sonnenblumenkernen, Sesam, Leinsamen etc.), aber auch in Fettfischen (Thunfisch, Lachs, Sardinen, Heringen, Sardellen etc.). Diese Nahrungsmittel **sind wärmstens zu empfehlen.**

Trans-Fettsäuren entstehen in der Lebensmittelherstellung durch Umwandlung flüssiger ungesättigter Fettsäuren in gehärtete gesättigte Fettsäuren. Mit ihnen kann man die Konsistenz vieler Industrieprodukte verändern. So verleiht man beispielsweise Keksen, Eiscreme oder frittierten Speisen eine schönere Textur und mehr Biss. Meiden Sie möglichst alle Lebensmittel, die Trans-Fettsäuren enthalten, denn im Übermaß verzehrt, erhöhen sie in erheblichem Maße das **Risiko von Herz-Kreislauf-Erkrankungen.**

Cholesterin gewährleistet zahlreiche wichtige Funktionen im Organismus und ist nicht nur ein Hauptbestandteil unserer Zellmembranen, sondern auch eine Vorstufe für Sexual- und Steroidhormone, Galle und Vitamin D. Rund 30 Prozent des Bedarfs decken wir durch unsere Nahrung, den Rest sekretiert der Körper selbst. Enthalten ist Cholesterin ausschließlich in tierischen Nahrungsmitteln wie Innereien (z. B. Hirn und Leber), Butter, Sahne, Wurstwaren, Käse und Fleisch.

Als mündiger Konsument sollten Sie beim Lebensmittelkauf immer die Zutatenlisten lesen, um zu wissen, was das Produkt beinhaltet. Meiden Sie alles, was viele gesättigte Fettsäuren, Palmöl oder Trans-Fettsäuren enthält. Diese Stoffe müssen auf dem Etikett aufgeführt werden.

• Kohlenhydrate im Organismus und in der Nahrung

Aus chemischer Sicht sind Kohlenhydrate Zucker. Unser Organismus nutzt sie als Treibstoff. Ihre wichtigste Aufgabe ist die Energieversorgung von Gehirn, Muskeln und Organen. Wie die Proteine und Fette dienen auch die Kohlenhydrate als Bausteine, die in die Zellmembranen integriert werden.

Man unterscheidet **Einfachzucker** (**Monosaccharide**) wie Glukose, Laktose (Milchzucker), Fruktose (Fruchtzucker) oder Saccharose (Haushaltszucker) und **Vielfachzucker** (**Polysaccharide**) wie Stärke sowie unverdauliche Zucker (Ballaststoffe). Lange Zeit glaubte man, Einfachzucker würden schneller verdaut als Vielfachzucker, da Einfachzucker die kleinsten Moleküle aufweist und diese rascher aufgenommen werden als die längeren Molekülketten der Vielfachzucker. Inzwischen ist diese These wiederlegt. Stattdessen arbeitet man heute mit dem »glykämischen Index« (GI). Es stimmt zwar, dass die Verdauung längerer Molekülketten mehr Zeit in Anspruch nimmt, doch spielen dabei auch andere Dinge eine Rolle. Neben Größe und Aufbau der Moleküle beeinflussen diese Faktoren den glykämischen Index:

- **die Größe des Nahrungsmittels,** denn je mehr es zerkleinert wird, desto höher ist sein GI (z. B. Püree, Kompott oder Saft);
- **die Garmethode und -zeit,** denn je länger es gegart wird, desto höher ist sein GI;
- **das Vorhandensein von Ballaststoffen,** denn je stärker verarbeitet ein Nahrungsmittel ist, desto weniger Ballaststoffe enthält es und desto höher ist sein GI (Brot, Nudeln, polierter Reis etc.)

Bevorzugen Sie Nahrungsmittel mit niedrigem oder mäßigem GI wie Obst und Gemüse (falls Sie sie vertragen, gern im Ganzen und roh), Vollkorngetreide oder Pseudogetreide wie Quinoa und Buchweizen sowie Süßkartoffeln und Hülsenfrüchte (je nach Verträglichkeit).

DER GLYKÄMISCHE INDEX (GI, AUCH »GLYX®«)

Dieser Index gibt an, wie stark ein Nahrungsmittel auf den Blutzucker wirkt. Je schneller und höher der darin enthaltene Zucker den Blutzuckerspiegel ansteigen lässt, desto höher ist der GI und umgekehrt.

Blutzuckerschwankungen können sich auf unsere Fitness und Gesundheit auswirken. Wichtig ist dabei, dass Nahrungsmittel mit niedrigem GI dem Organismus kontinuierlich und regelmäßig Zucker zuführen, sodass der Blutzuckerspiegel konstant bleibt, während Nahrungsmittel mit hohem GI abrupte Schwankungen des Blutzuckerspiegels bedingen und damit geistige und körperliche Erschöpfung und »Durchhänger« wie das berüchtigte Vormittagstief begünstigen.

Welche Mikronährstoffe benötigen wir?

Als Mikronährstoffe bezeichnet man die in Nahrungsmitteln enthaltenen **Vitamine, Mineralien und Spurenelemente**. Bei der Aufspaltung, Aufnahme und Verwertung der Makronährstoffe spielen sie eine zentrale Rolle. Sie liefern keine Energie und keine einzige Kalorie und **sind doch für den reibungslosen Ablauf aller Körperfunktionen unverzichtbar**.

Wir müssen sie mit der Nahrung aufnehmen, denn bis auf einige wenige kann unser Körper sie nicht selbst bilden.

Heutzutage sind in unserer Nahrung jedoch immer weniger Mikronährstoffe enthalten, weil die intensive Landwirtschaft die Böden zunehmend auslaugt, Lebensmittelzusätze und Schadstoffe den Antioxidanziengehalt unserer Speisen verringern und bestimmte Methoden bei Herstellung, Zubereitung und Haltbarmachung einen Großteil der von Natur aus in Nahrungsmitteln enthaltenen Vitamine und Mineralien zerstören.

Mikronährstoffe sind empfindlich und reagieren vor allem auf Sauerstoff, Hitze und Licht. Umso wichtiger ist es deshalb,

- Nahrungsmittel zu wählen, die von Natur aus reich an Mikronährstoffen sind,
- darauf zu achten, wie sie produziert wurden,
- wenig oder möglichst gar nicht verarbeitete Produkte zu bevorzugen,
- Nahrungsmittel so aufzubewahren und zu verarbeiten, dass sie ihre Vorzüge weitestgehend behalten.

- **Vitamine**
Es gibt davon ein knappes Dutzend, darunter Vitamin C und die B-Vitamine, die vorwiegend in Obst und Gemüse enthalten sind, sowie die Vitamine A, D, E und K, die man vor allem in fettreichen Nahrungsmitteln wie Fettfischen, Milchprodukten und Pflanzenölen findet.

- **Mineralien und Spurenelemente**
Mineralien: Kalzium, Magnesium, Kalium, Phosphor, Schwefel, Natrium und Chlorid.

Spurenelemente: Eisen, Zink, Kupfer, Fluor, Jod, Chrom und Selen. Jeder dieser Stoffe hat genau festgelegte Aufgaben. Einige spielen eine Rolle für hormonelle und enzymatische Abläufe oder für das Nervensystem, andere stärken die Stabilität von Knochen und Zähnen, unterstützen die Muskeltätigkeit, den Herzrhythmus und den Sauerstofftransport im Blut.

Wie bei den Makronährstoffen hängt auch unser Bedarf an Mikronährstoffen von Geschlecht, Alter, Gewicht und Größe jedes Einzelnen ab. Zu berücksichtigen ist außerdem, dass Umweltfaktoren wie Stress, Rauchen, Umweltverschmutzung, Mangel an Sonnenlicht sowie bestimmte Medikamente oder Hormonpräparate den Bedarf erhöhen können.

Viele Menschen leiden an einem Mangel an Mikronährstoffen. Er kann zahlreiche Beschwerden zur Folge haben, von brüchigen Knochen und Sehnen über Verdauungs- und

Schlafstörungen bis zu Vergesslichkeit, Erschöpfung, Reizbarkeit und Veränderungen von Haut, Haaren und Nägeln.

• Ballaststoffe

Wie schon gesagt, sind Ballaststoffe unverdauliche Zucker, die der Körper nicht verwerten kann. Enthalten sind sie in Pflanzen, etwa in den Samenschalen von Getreidekörnern, in Ölfrüchten und im Fruchtfleisch sowie in der Schale vieler Gemüsesorten. Man unterscheidet wasserlösliche und wasserunlösliche Ballaststoffe, die verschiedene Eigenschaften haben.

Wasserunlösliche Ballaststoffe wirken wie winzige Schwämme. Sie saugen sich mit Wasser voll, erhöhen so das Stuhlvolumen und beschleunigen die Darmpassage.

Man setzt sie zur Regulierung der Darmtätigkeit und Verbesserung der Verdauungsabläufe ein. Im Übermaß genossen, können sie allerdings die Darmwände reizen und Durchfälle auslösen. Eine Ernährungsumstellung, die zu schnell auf den Verzehr von mehr wasserunlöslichen Ballaststoffen abzielt, ist deshalb nicht zu empfehlen. Lassen Sie Ihrem Verdauungstrakt Zeit, sich daran zu gewöhnen.

Wasserlösliche Ballaststoffe wirken milder und reizen den Verdauungstrakt weniger. Kommen sie mit Wasser in Berührung, quellen sie zu einer Art Gel auf und sorgen dafür, dass weniger Fett aufgenommen wird

REICH AN WASSERLÖSLICHEN BALLASTSTOFFEN SIND:	REICH AN WASSER**UN**LÖSLICHEN BALLASTSTOFFEN SIND:
Gemüse, vorzugsweise gekocht, geschält, entkernt Im Ganzen, als Saft oder Smoothie Karotten, Zucchini, Kürbis, Spargel, geschälte Kartoffeln, Süßkartoffeln, Rote Bete, feine grüne Bohnen	**Gemüse, roh, mit Schale** Kartoffeln mit Schale, Rosenkohl, Mairübchen, Brokkoli, Erbsen
Obst, gekocht, geschält, entkernt Im Ganzen, als Saft oder Smoothie Orangen, Grapefruits, Pfirsiche, Nektarinen	**Obst** Birnen, Äpfel, Himbeeren, Papaya, Dörrobst (Backpflaumen, Feigen, Datteln)
Getreide Roggenbrot Haferkleiebrot, Cerealien aus Hafer, Hafermehl Gerste, Gerstenmehl, Cerealien aus Gerste Buchweizen	**Getreide** Vollweizen, Weizenkleie, Weizenvollkornbrot, Vollkornbrot mit ganzen Körnern, Leinsamenbrot Vollkornnudeln Bulgur Maiskörner Dinkel Getreidekörner, Vollkornweizen-Cerealien
	Leinsamen
	Hülsenfrüchte Linsen, rote Bohnen, Erbsen, Kichererbsen

und Zucker langsamer in den Blutkreislauf gelangen. Außerdem lindern sie Verdauungsbeschwerden und machen lange satt. Einige dieser Ballaststoffe gelten als »Präbiotika«. Das bedeutet, dass sie im Darm gären, die Darmflora nähren und zum Gleichgewicht des intestinalen Ökosystems beitragen. Dessen Vorzüge haben wir ja schon gesehen. Auch die Ballaststoffaufnahme ist grundsätzlich eine Frage der Ausgewogenheit und Abwechslung, denn im Übermaß kann sie Blähungen und andere Passagestörungen verursachen.

Wasserlösliche und wasserunlösliche Ballaststoffe sind für unsere Gesundheit unverzichtbar und spielen **bei der Verdauung eine wichtige Rolle.** Sie unterstützen die Regulierung der Darmpassage und eine **ausgewogene Darmflora,** reduzieren die Aufnahme von Fett und Zucker und beugen damit Diabetes und Herz-Kreislauf-Erkrankungen vor.

NAHRUNGSMITTEL UND IHRE VORZÜGE

Unter Ernährungsgesichtspunkten lassen sich Nahrungsmittel nach ihren Hauptbestandteilen in mehrere »Familien« unterteilen. Da kein Nahrungsmittel sämtliche Makro- und Mikronährstoffe in optimalen Mengen enthält, müssen wir unseren Nährstoffbedarf decken, indem wir uns täglich aus allen Kategorien bedienen.

Wer sich ausgewogen ernähren will, stellt seine Mahlzeiten deshalb jeden Tag aus Nahrungsmitteln aller Familien zusammen. Abwechslungsreich wird eine Ernährung zudem, wenn wir jeweils verschiedene Nahrungsmittel aus derselben Gruppe wählen.

Nahrungsmittelfamilien

• Stärkehaltige Nahrungsmittel und Hülsenfrüchte
Sie liefern komplexe Kohlenhydrate, die erst nach und nach aufgenommen werden, wasserlösliche und -unlösliche Ballaststoffe, Kalzium, Magnesium und B-Vitamine.

• Frisches Obst und Gemüse
Es enthält Wasser, wasserlösliche und -unlösliche Ballaststoffe, Vitamine (vor allem Vitamin C), Antioxidanzien, Mineralien und Spurenelemente.

• Fleisch, Fisch und Eier
Sie enthalten hochwertige Proteine und Eisen und die Vitamine A und D, Fettfische zudem Omega-3-Fettsäuren.

• Milchprodukte
Sie liefern dem Körper hochwertiges Eiweiß, Kalzium und die Vitamine A und D.

• Fette
Sie enthalten Vitamin A, D und E sowie Fettsäuren (pflanzliche Fette vor allem ungesättigte Fettsäuren) und machen die Speisen wunderbar cremig.

• Süßigkeiten
Sie liefern viele schnell verdauliche Kohlenhydrate und sind einfach unwiderstehlich!

Allgemeine Tipps

Bitte fassen Sie die nachfolgenden Empfehlungen nicht als Vorschriften auf. Mir geht es darum, Ihnen eine positive Einstellung zum Essen zu vermitteln. Ändern Sie Ihr Essverhalten, weil eine angemessene Ernährung Sie fit und gesund hält, aber auch Genuss bereitet.

Pflanzliche Kost – der Grundpfeiler jeder gesunden Ernährung

Dass Gemüse so gesund ist, liegt an dem geringen Brennwert und hohen Gehalt an Ballaststoffen, Vitaminen, Mineralien und anderen Mikronährstoffen, die unser Organismus zum reibungslosen Funktionieren braucht. Ein Beispiel sind die Antioxidanzien (Vitamin C und E, Karotinoide und Polyphenole), die wir hauptsächlich mit Obst und Gemüse zu uns nehmen. Um all diese Elemente in ausreichender Menge zu bekommen, essen Sie **Gemüse am besten zu beiden Hauptmahlzeiten.** Sie sollten etwa die Hälfte Ihres Tellers füllen (mindestens rund 500 g pro Tag). Wählen Sie der Jahreszeit entsprechende, reif geerntete Produkte aus heimischem Bioanbau. Bringen Sie Abwechslung auf den Tisch und kombinieren Sie verschiedene Sorten, denn viele ergänzen sich sehr vorteilhaft. Noch mehr Spielraum bieten alte Gemüsesorten wie Mangold, Pastinaken, Schwarzer Winterrettich, Steckrüben oder Topinambur, die viele kaum noch kennen.

Anstatt in Wasser gekocht, sollte Gemüse lieber gedämpft werden, weil es so seine antioxidative Wirkung behält und die Mineralien nicht ins Kochwasser übergehen. Sollten Sie es kochen, dann verwenden Sie den Sud als Brühe.

Welche Gemüse und Zubereitungsarten Ihnen besser oder weniger gut bekommen, hängt von Ihrer individuellen Verträglichkeit ab. Darauf komme ich später noch zurück.

Obst – jeden Tag

Genau wie Gemüse liefern Früchte Ballaststoffe, Vitamine, Mineralien und Antioxidanzien, jedoch auch mehr Zucker. Im Idealfall sollten Sie mindestens ein Stück Obst am Tag essen, besser zwei bis drei. Wählen Sie tiefgefrorenes oder frisches Obst der Jahreszeit. Bevorzugen Sie Bioware, vor allem, wenn Sie die Schale mitessen, in der ein Großteil der Mikronährstoffe und Antioxidanzien steckt. Welche Sorten und Zubereitungsarten Sie gut oder schlecht vertragen, hängt wie beim Gemüse davon ab, wie empfindlich Ihr Verdauungssystem reagiert.

Stärkehaltige Nahrungsmittel – lieber Vollkorn als Raffinade

Raffinierte Produkte liefern dem Körper die sogenannten »leeren« Kalorien, die keine Mikronährstoffe mehr enthalten. In Vollkornprodukten und Pseudogetreiden dagegen sind reichlich Mikronährstoffe vorhanden. Zu empfehlen sind Vollkorn- oder Sauerteigbrote und Backwaren aus Vollkornmehl oder alternativen Pseudogetreiden (Kastanie, Buchweizen, Hirse etc.), soweit sie Ihnen bekommen.

Hülsenfrüchte – mehrmals pro Woche

Mindestens einmal in der Woche sollten Sie sich Hülsenfrüchte gönnen. Sie führen heute leider ein Schattendasein, obwohl sie viel pflanzliches Eiweiß, Ballaststoffe, komplexe

Kohlenhydrate und eine wahre Fülle an Mikronährstoffen enthalten. Falls sie Ihnen Verdauungsbeschwerden bereiten, verzehren Sie sie zerkleinert als Pürees oder Suppen.

»Gute« Fette

Verwenden Sie lieber Pflanzenfette (Öle) als Fette tierischen Ursprungs (Butter, Sahne etc.). Sie schmecken nicht nur interessanter, sondern sind aus Ernährungssicht gesünder und viel bekömmlicher.

Zu empfehlen sind vor allem Öle, die reich an Omega-3-Fettsäuren sind. Rapsöl oder eine Mischung aus Oliven- und Rapsöl eignen sich beispielsweise zum Anmachen von Salaten, aber auch zum Braten bei Temperaturen bis 180 °C, selbst wenn in der Literatur manchmal etwas anderes behauptet wird. Auch Walnuss-, Leindotter- und Leinöl sind reich an Omega-3-Fettsäuren und deshalb gesünder als etwa Sonnenblumen-, Maiskeim- oder Traubenkernöle. Lesen Sie vor allem bei tierischen Erzeugnissen aus Eiern, Geflügel oder Milchprodukten immer die Zutatenlisten und bevorzugen Sie Hersteller, die garantieren, dass die Tiere hochwertiges und abwechslungsreiches traditionelles Futter wie Gras, Luzerne oder Leinkuchen erhalten haben, denn dann sind auch die Produkte von Natur aus reich an Omega-3-Fettsäuren.

Ölfrüchte und Keimsprossen

Mandeln, Hasel-, Wal-, Cashew- und Paranüsse sind wertvolle, ausgesprochen gesunde Ölfrüchte, denn sie liefern uns viele essenzielle Fettsäuren, Mineralien (Magnesium), Spurenelemente und Antioxidanzien. Essen Sie sie am besten roh und ohne Zugabe von Fett oder Salz.

Auch Leinsamen, Sesam, Fenchel-, Kürbis- und Sonnenblumenkerne, Chiasamen und Keimsprossen (Weizen, Luzerne etc.) haben viele günstige Eigenschaften. Sie wirken verdauungsfördernd, entzündungshemmend und antioxidativ.

Fettfische – zweimal pro Woche

Thunfisch, Lachs, Kaltwasserfische wie Sardinen, Makrelen oder Heringe sind wegen ihres hohen Gehalts an Omega-3-Fettsäuren und Vitamin D zu empfehlen, sei es frisch, tiefgefroren und sogar als Konserve. Achten Sie jedoch auf die Qualität und bevorzugen Sie Produkte aus nachhaltigem Fischfang, der Fischbestände schützt (gekennzeichnet etwa mit dem MSC-Siegel).

Fleisch in Maßen

Die heutige Ernährung in den westlichen Ländern setzt viel zu sehr auf tierische Fette. Legen Sie möglichst jede Woche einen fleischfreien Tag ein. Wenn Sie Fleisch essen, dann vorzugsweise Geflügel. Verzehren Sie nicht mehr als 500 g rotes Fleisch pro Woche.

Milchprodukte nach Geschmack und Verträglichkeit

Milchprodukte sind unsere hauptsächlichen Kalziumlieferanten und enthalten hochwertiges Eiweiß. Sie sollten deshalb in jedem Lebensalter auf dem Speisezettel stehen – im

Idealfall ein bis zwei Portionen täglich. Falls Sie an einer Laktoseintoleranz leiden oder das Gefühl haben, Milch bekommt Ihnen nicht, greifen Sie lieber zu Käse und fermentierten Milcherzeugnissen wie Joghurt, die meist bekömmlicher sind. Wer Milchprodukte mag und verträgt, sollte daran nicht sparen, jedoch mageren oder fettarmen Varianten den Vorzug geben, weil sie weniger gesättigte Fettsäuren enthalten.

Käse ist für die Ernährung genauso wertvoll wie frische Milch oder vergorene Milchprodukte, enthält aber auch viel Salz und gesättigte Fettsäuren und sollte deshalb eher in Maßen verzehrt werden. Käse aus Ziegen- und Schafsmilch liefern mehr Omega-3-Fettsäuren als Kuhmilchkäse.

Wasser – reichlich und über den ganzen Tag verteilt

Um unseren Organismus stets ausreichend mit Flüssigkeit zu versorgen, bietet sich in erster Linie Wasser an. Vergessen Sie nicht, regelmäßig zu trinken, und zwar schon, bevor Sie Durst haben. Sie beugen so einem Austrocknen des Körpers, Müdigkeit und Harnwegsinfekten vor. Neben frischem Wasser mit einer Scheibe ungespritzter Zitrone eignen sich am besten Grün- oder Schwarztee, Rooibos-, Kräuter- und Früchtetee oder Aufgüsse von Gewürzpflanzen.

Auch andere Getränke haben – in Maßen – viel zu bieten. Frische Fruchtsäfte und Smoothies sind hervorragende Vitaminquellen, enthalten aber auch viel Zucker, der den Blutzuckerspiegel rasch ansteigen lässt. Sie liefern zudem weniger Ballaststoffe als die Früchte selbst,

sättigen deshalb nicht so gut und werden vom Körper schneller verwertet. Als Faustregel gilt: 1 Glas Saft = 3 Portionen Obst. Wählen Sie Säfte ohne Zuckerzusatz, künstliche Farb- und Konservierungsstoffe.

Meiden Sie möglichst Energy Drinks, Limonaden und Sirupe, denn sie enthalten viel zu viele leere Kalorien.

Chronobiologie – wann wie viel essen?

Am besten beginnt der Tag mit einem guten Frühstück und endet mit einem leichten Abendessen. Eine gesunde Morgenmahlzeit besteht aus einem heißen Getränk, das dem Körper wieder Flüssigkeit zuführt, einem (Vollkorn-)Getreideprodukt, das eine Weile vorhält, und Nahrungsmitteln, die tierisches oder pflanzliches Eiweiß liefern und so im Gehirn die Bildung von Dopamin anregen, das für Motivation, Wohlbefinden und Schwung sorgt.

Das Mittagessen sollte ausreichen, damit man über Tag vor Hunger, Müdigkeit und Knabberlust gefeit ist, aber nicht so üppig sein, dass man sich vollgestopft und schlapp fühlt. Das Abendessen sollte leicht verdaulich sein, allein schon, weil man dann besser schläft. Sie wissen ja: Eine gute Verdauung und tiefer, ausreichend langer Schlaf sind wesentliche Voraussetzungen für Wohlbefinden und Gesundheit.

Salz in Maßen, dafür lieber Gewürze und Küchenkräuter

Salz ist ein Konservierungsmittel und ein Geschmacksverstärker und wird deshalb in der Lebensmittelindustrie zum Beispiel Fertiggerichten, Konserven, Suppen, Keksen,

Gebäck, Saucen, Brot, Käse oder Wurstwaren in großen Mengen zugesetzt. Unsere Nahrung enthält deshalb so viel »verstecktes« Salz, dass wir nicht noch mehr davon brauchen. Verwenden Sie stattdessen Kräuter, Gewürze und aromatische Zutaten, die dank ihres hohen Gehalts an Polyphenolen, Antioxidanzien und entzündungshemmenden Stoffen viel gesünder als Salz sind. Außerdem bringen sie Farbe, Würze und Abwechslung auf den Teller. Zur ersten Wahl gehören etwa Curry, Kurkuma, Ingwer, Koriander, Knoblauch, Zwiebeln, Bohnenkraut, Safran, Zimt, Muskatnuss, Lorbeer, Rosmarin, Salbei und Thymian.

SOLLTE MAN BESTIMMTE NAHRUNGSMITTEL MEIDEN?

In der Presse, im Internet und im Fernsehen ist viel die Rede von Ernährung und Verdauung, doch oft ohne medizinischen Sachverstand. Die Aussagen sind nicht selten widersprüchlich, pseudowissenschaftlich und unzureichend oder gar nicht begründet. Irgendwann fragt man sich, was man überhaupt noch glauben soll! Immer mehr Menschen lassen sich durch die Medien zu Ausschlussdiäten verleiten, die jedoch ihre Ernährung in eine Schieflage bringen und schlimmstenfalls Mangelerscheinungen bedingen können.

Die Motive für rigorose Diäten sind eigentlich löblich: Man will gesund leben, abneh-

DAS WICHTIGSTE AUF EINEN BLICK

Sie sehen schon: Der Schlüssel zu Wohlbefinden, Fitness und Gesundheit ist eine ausgewogene, abwechslungsreiche und hochwertige Ernährung. Grundsätzlich sollten Sie sich Tag für Tag aus verschiedenen Nahrungsmittelfamilien bedienen und auch innerhalb der Gruppen für Abwechslung sorgen, denn auf diese Weise ergänzen sich die Vorzüge. Ihr Körper erhält rund um die Uhr die Energie, Makro- und Mikronährstoffe, die er braucht. In der Praxis bedeutet das: Verzehren Sie so oft wie möglich naturbelassene, unverarbeitete Nahrungsmittel. Bevorzugen Sie pflanzliche Produkte, vorwiegend solche, die reich an Vitaminen und Mineralien sind wie Obst, Gemüse, Hülsenfrüchte, Getreide und Ölfrüchte. Essen Sie, soweit Sie sie vertragen, Vollkornprodukte anstelle von raffinierten Backwaren, und verwenden Sie Pflanzenöle, vor allem aus Raps. Achten Sie auch auf die Herkunft Ihrer Nahrungsmittel: Sie sollten aus nachhaltiger Landwirtschaft oder vom Biobauern stammen und möglichst reich an Omega-3-Fettsäuren sein.

men oder sein Gewicht halten, fitter sein, sich in seinem Körper, seinem Kopf, seinem Leben wohler fühlen … Doch all das ist noch kein Grund, sich auf irgendeine Diät einzulassen, die gerade angesagt ist oder auf die Ihre beste Freundin schwört! Es ist **alles eine Frage von Vielfalt und Gleichgewicht.** Exzesse jeder Art schaden nur.

Seit einigen Jahren konsultieren mich zunehmend Menschen, die an Verdauungsstörungen leiden und einen Zusammenhang zwischen ihrer Ernährung und ihren Symptomen suchen. In der Hoffnung, damit ihre Probleme mit einem Schlag zu lösen, erwarten sie von mir strenge Reduktionsdiäten. Genau wie Ihnen in diesem Buch erkläre ich meinen Patienten, dass **die Verdauung ein komplexer Vorgang ist,** dass Störungen individuelle Gründe haben und von vielen verschiedenen Faktoren ausgelöst werden können. Außer bei einer manifesten Erkrankung, die eine bestimmte Diät erfordert, oder einer nachgewiesenen Allergie gibt es keinen vernünftigen Grund, bestimmte Nahrungsmittel kategorisch zu verbieten.

Denken Sie daran, dass auch Faktoren wie Stress, Schlafstörungen, eine sitzende Tätigkeit oder unregelmäßige Essenszeiten das Auftreten von Verdauungsbeschwerden erklären können. Solche Dinge müssen in Betracht gezogen werden. Im Wesentlichen geht es darum, Mittel und Wege zu finden, damit Sie sich im Alltag wohlfühlen und gleichzeitig gesund ernähren.

Dieses Buch lädt Sie dazu ein, auf Ihren Körper zu hören und Ihrer Wahrnehmung zu vertrauen. Es unterstützt Sie dabei, Ihre Beschwerden genau einzugrenzen, damit Sie mithilfe meiner Tipps und Empfehlungen eine Lösung für Ihre Probleme finden.

Nahrungsmittelallergien und -unverträglichkeiten

Wer sich nach dem Verzehr bestimmter Speisen schlecht fühlt, macht dafür oft vorschnell eine Allergie oder Intoleranz verantwortlich. Dabei können die meisten ohne jede Gefahr für ihre Gesundheit alles essen. Jeder Dritte meint, gegen bestimmte Nahrungsmittel allergisch zu sein, obwohl dies in Wahrheit bei nur rund zwei Prozent der Bevölkerung der Fall ist! Unangenehme Reaktionen auf ein Nahrungsmittel beruhen in den meisten Fällen auf einer Lebensmittelvergiftung, einer Abneigung oder der Unverträglichkeit einer Zutat.

Eine Nahrungsmittelallergie ist ein komplexer Mechanismus, bei dem das Immunsystem auf Hochtouren läuft. Vereinfacht gesagt, **hält der Körper Allergene für eine Gefahr.** Um sie abzuwehren, greift er sie an und setzt damit eine ganze Reihe von Kettenreaktionen in Gang, die in den Atemwegen, auf der Haut oder im Magen-Darm-Trakt ganz bestimmte Symptome hervorrufen. Im Prinzip kann jedes Nahrungsmittel und jeder Inhaltsstoff allergische Reaktionen auslösen, doch sind einige wie Kuhmilch, Eier, Soja, Weizen, Krustentiere, bestimmte Früchte, Erd- oder Walnüsse dafür geradezu prädestiniert. Eine Nahrungsmittelallergie ist eine Krankheit, die **immer von einem Arzt oder Ernährungsfachmann genau diagnostiziert** und mit einer entsprechenden Diät behandelt werden sollte. Eine Ausschlussdiät kommt nur bei nachgewiesener Allergie in Betracht.

Eine **Nahrungsmittelunverträglichkeit** kann die gleichen Symptome auslösen wie eine Allergie, also Übelkeit, Magenkrämpfe oder Durchfall. Allerdings ist das Immunsystem dabei nicht auf dieselbe Weise beteiligt. Während echte Allergiker schon auf winzigste Mengen des Allergens reagieren, können bei einer Unverträglichkeit (außer von Gluten) durchaus geringe Mengen davon verzehrt werden, ohne dass es zu einer Reaktion kommt. **Am gängigsten ist die Unverträglichkeit von Gluten und Laktose.**

Die **Glutenunverträglichkeit (Zöliakie)** ist eine chronische Darmerkrankung, die nach exakt festgelegten Kriterien diagnostiziert wird. Sie bewirkt, dass der Körper kein Gluten verträgt – ein Klebereiweiß, das sich in Weizen, Roggen, Gerste, Hafer und Dinkel findet. Nimmt der Betroffene diese Getreide weiter zu sich, wird die Dünndarmwand beschädigt und kann keine Makro- und Mikronährstoffe mehr resorbieren. Auf Gluten völlig verzichten sollten allerdings nur Menschen mit nachgewiesener Zöliakie, denn bei anderen wäre das Risiko einer unausgewogenen Ernährung mit Mangelerscheinungen viel zu hoch.

Tatsache ist jedoch, dass mehr und mehr Menschen, bei denen aus medizinischer Sicht gar keine Zöliakie oder Allergie vorliegt, ähnliche Symptome aufweisen und sich besser fühlen, wenn sie ganz oder teilweise auf Gluten verzichten. Man spricht in solchen Fällen von einer »Überempfindlichkeit«, die jedoch wissenschaftlich bisher in keiner Weise belegt ist.

Die zweithäufigste Unverträglichkeit betrifft **Laktose (Milchzucker)**. Im Normalfall produziert der Körper genügend Laktase, also das Enzym, das Laktose aufspaltet. Bei manchen Menschen reicht die Laktasemenge jedoch nicht aus, sodass sich die Laktose im Darm ansammelt und dort gärt. Die Folge sind Blähungen und Durchfälle. Laktasemangel kommt geografisch und in Bevölkerungsgruppen unterschiedlich, aber insgesamt relativ häufig vor und geht individuell mit allen möglichen Symptomen einher. Er hat keinen Krankheitswert, kann aber erhebliches Unbehagen verursachen. Im Gegensatz zu Milch werden vergorene Milchprodukte wie Joghurt oder laktosearme Käse meist vertragen, wobei aber auch die Menge eine Rolle spielt.

Generell geht es darum, wie ausgeprägt die Unverträglichkeit ist. Man versucht, nach und nach die Symptome zu lindern, ohne die ausgewogene Ernährung aus dem Auge zu verlieren.

Viele Nahrungsmittel sind heutzutage Gegenstand heftiger Polemik, doch zwischen völliger Verteufelung und absoluter Ignoranz muss jeder seinen Mittelweg finden. Wichtig ist, **sich von Vorurteilen zu verabschieden. Wenn Sie Symptome bei sich feststellen, sollten Sie sie weder dramatisieren noch kleinreden, sondern mithilfe einer Ernährungsberatung schauen, worauf diese beruhen könnten.**

Liegt keine manifeste Erkrankung vor, brauchen Sie auch nicht auf bestimmte Nahrungsmittel zu verzichten. Achten Sie darauf, welche Signale Ihr Körper Ihnen gibt. Überlegen Sie, was auf Sie zutrifft, und lesen Sie im Folgenden meine Ratschläge zu den einzelnen Beschwerdebildern.

WIE LINDERT MAN SODBRENNEN UND REFLUX?

Wie kommt es dazu?

Die Speiseröhre ist, wie schon angesprochen, der enge Schlauch, der von der Kehle zum Magen führt. Bei manchen Menschen **steigt saurer Mageninhalt in die Speiseröhre auf** und verursacht dort ein unangenehmes Brennen mit saurem Aufstoßen. Diese Beschwerden kommen sehr häufig vor und sind lästig, aber meist harmlos.

Was sind die Auslöser?

Schwangerschaft, Übergewicht, Rauchen, Alkohol sowie unregelmäßige, allzu große oder fette Mahlzeiten, bestimmte Medikamente oder Stress können Sodbrennen und Reflux begünstigen. Unabhängig von den Ursachen helfen Ihnen die folgenden Tipps, Auftreten und Grad der Beschwerden zu verringern. Unternehmen Sie unbedingt etwas, bevor die Beschwerden chronisch werden und Sie im Alltag ständig belasten.

Das tut Ihnen gut

Allgemeine Tipps
- Schlafen Sie mit leicht erhöhtem Oberkörper, halb im Sitzen.
- Essen Sie Obst nicht zum Nachtisch, sondern lieber als Zwischenmahlzeit. Viele Früchte neigen dazu, im Magen und Darm zu gären.
- Kräuter- und Früchtetees oder schwarzer Tee werden meist besser vertragen als heiße Schokolade oder Kaffee.

Ernährungstipps
- Nehmen Sie sich zum Essen Zeit und kauen Sie gründlich.
- Teilen Sie sich Ihr Essen ein: Vier bis fünf kleine Mahlzeiten in regelmäßigen Abständen sind besser als drei große.
- Für die Chronobiologie ist ein gutes Frühstück, ein maßvolles Mittagessen und mehrere Stunden vor dem Schlafengehen ein leichtes Abendbrot am besten.
- Essen Sie möglichst oft gesunde Nahrungsmittel wie Kreuzblütler (Brokkoli, Weiß- und Grünkohl, Kohlrabi, Steckrüben, Mairübchen) und bunte Gemüse (Karotten etc.).

• Greifen Sie bei Milchprodukten eher zu fettarmen Sorten.

Bestimmte Pflanzen, Gewürze und Mineralien lindern Sodbrennen und bringen Erleichterung:

• **Kurkumawurzeln** (als Pulver oder Nahrungsergänzungsmittel) enthalten Karotinoide und Polyphenole, wirken antioxidativ und entzündungshemmend und schützen die Magenschleimhaut.
• **Safran** (als Pulver oder Nahrungsergänzungsmittel) mindert Stress und Angstzustände.
• **Cranberrys** (als Saft oder Nahrungsergänzungsmittel) sind reich an Polyphenolen und wirken deshalb hervorragend gegen Reflux.
• **Süßholz** (als Lakritzstange, Pulver oder Tee) wirkt gleich zweifach: Es verringert die Säurebildung im Magen und stärkt zugleich die schützende Schleimhautschicht.

Das sollten Sie meiden

Allgemeine Tipps

• Tragen Sie keine enge Kleidung, die den Bauch einschnürt.
• Bewegen Sie sich nicht exzessiv, beugen Sie sich nicht abrupt vor und legen Sie sich unmittelbar nach dem Essen nicht hin.
• Gehen Sie nicht direkt nach dem Abendessen zu Bett. Zwischen der letzten Mahlzeit und dem Schlafengehen sollten mindestens drei Stunden liegen.

• Rauchen Sie nicht auf nüchternen Magen oder am besten gar nicht.

Ernährungstipps

• Meiden Sie alles, was schwer im Magen liegt:
  - Speisen, die viele gesättigte Fettsäuren enthalten (Wurstwaren, Käse etc.);
  - fette Saucen, Frittiertes, Paniertes, Kuchen und Feingebäck;
  - fettreiche Vollmilchprodukte.
• Hüten Sie sich vor sehr salzigen oder stark gewürzten Speisen, vor Knoblauch, Zwiebeln, Schalotten, Senf, Peperoni etc.
• Essen Sie wenig Rohkost, saure Obstsorten (Kiwis), Zitrusfrüchte (Orangen, Zitronen, Grapefruits), trinken Sie keine Zitrussäfte. Sie reizen die Magenschleimhaut.
• Meiden Sie sehr heiße Getränke. Sie verstärken das Brennen.
• Verzichten Sie auf Alkohol, Kaffee und Limonaden.

WAS TUN GEGEN BAUCHSCHMERZEN?

Wie kommt es dazu?

Unwohlsein nach den Mahlzeiten kann unterschiedlich ausgeprägt sein. Man fühlt sich aufgebläht, der Magen drückt, die Verdauung stockt, manchmal kommt noch Übelkeit hinzu. Der Bauch ist aufgetrieben und steinhart. Die Betroffenen fragen sich meist, was sie Falsches gegessen haben, kommen jedoch zu keinem eindeutigen Ergebnis und finden sich schließlich mit den Beschwerden ab, obwohl sie ihnen oft zu schaffen machen.

Was sind die Auslöser?

Erst wenn der Leidensdruck zu groß wird, suchen die Betroffenen einen Arzt auf. Er führt Untersuchungen durch, ohne jedoch Anomalien zu finden, und diagnostiziert schließlich **funktionelle Magen-Darm-Störungen – massive, unangenehme Beschwerden ohne Krankheitswert.** Dann müssen nur noch die Auslöser gefunden werden, um die Beschwerden abzustellen.

Immer wieder fällt auf, dass die Beschwerden unter Stress, bei Angstzuständen und bei Frauen während der Periode oder Schwangerschaft auftreten, aber auch nach allzu üppigen, fetten Mahlzeiten, nach reichlichem Alkoholgenuss oder hastigem Essen.

Auch wenn diese Beschwerden keine Krankheit im engeren Sinn darstellen, sollte man frühzeitig etwas dagegen unternehmen. Ein paar simple Regeln für eine gesündere Ernährung reichen dafür in den meisten Fällen schon aus.

Das tut Ihnen gut

Allgemeine Tipps
- Essen Sie kleinere Portionen, verteilt auf drei kleine Haupt- und ein bis zwei Zwischenmahlzeiten.
- Achten Sie auf Ihren Biorhythmus. Essen Sie nur zu bestimmten Zeiten, damit Ihr Magen zwischen Arbeits- und Ruhephasen abwechseln kann.
- Setzen Sie sich zu den Mahlzeiten an den Tisch, und essen Sie langsam und in aller Ruhe. Nehmen Sie sich Zeit zum Kauen, damit die Verdauung richtig in Gang kommt.
- Trinken Sie lieber zwischen den Mahlzeiten als zum Essen, damit der Speisebrei nicht zu flüssig wird. Nehmen Sie kleine Schlucke, um den Magen nicht zu überdehnen.

Ernährungstipps
- Garen Sie Speisen gut durch, vor allem Gemüse, Obst und stärkehaltige Nahrungsmittel. Bevorzugte Garmethoden sind Dämpfen, Kochen oder fettarmes Braten in einer beschichteten Pfanne. Die Verdauung wird dadurch gründlicher und schneller.
- Ziehen Sie pflanzliche Fette den tierischen vor und geben Sie nur geringe Mengen davon am Ende der Garzeit zu.
- Wählen Sie bei Milchprodukten je nach Verträglichkeit magere oder fettarme Sorten, Hart- und Weichkäse (Emmentaler, Gruyère, Cantal etc.), Frischkäse mit 0 % oder maximal 20 % Fett i. Tr.
- Mageres Fleisch: Hähnchen, Pute, Kalbfleisch, Rindersteak mit 15 % Fettanteil, gekochter Schinken ohne Schwarte und Fettrand.
- Weißfische: Dorsch, Seehecht, Wolfsbarsch, Seelachs, Kabeljau, Seezunge etc.
- Mit wenig Fett zubereitete Eier, vorzugsweise gegart, wachsweich oder pochiert. Bekömmlicher sind sie, wenn das Eiweiß fest und das Eigelb weich ist.

- Weißbrot, Toast, Zwieback, Knäckebrot.
- Raffinierte Getreideprodukte (Nudeln, Reis, Grieß) lieber durchgegart als *al dente*.
- Kartoffeln gut durchgegart und fettarm zubereitet.
- Gemüse lieber gegart als roh, geschält, entkernt, frisch, als Konserven oder tiefgekühlt.
- Rohkost fein geraspelt oder in kleine Stücke geschnitten, je nach Verträglichkeit und nur in beschwerdefreien Phasen.
- Obst gekocht oder als Kompott, ohne oder mit wenig Zuckersatz.
- Rohes Obst sehr reif, vor allem Bananen.

Das sollten Sie meiden

- Allzu fette, stark gesalzene oder gezuckerte Nahrungsmittel, fette Saucen, Frittiertes, Paniertes, Chips, Kuchen und Feingebäck, Blätterteig etc.
- Blauschimmelkäse (Roquefort, Gorgonzola, Fourme d'Ambert) und sehr reife Weichkäse (Munster, Époisses, Maroilles, Saint-Nectaire etc.).
- Sehr fettes, geräuchertes und gepökeltes Fleisch, Wurstwaren, Wild.
- Streng schmeckende Fische: Makrelen, Sardinen, Sardellen, Heringe, Stockfisch, Räucherfisch, eingelegte Fische.
- Warmes und frisches Brot.
- Hülsenfrüchte: Linsen, Kichererbsen, Trockenerbsen, Bohnenkerne etc.
- Gemüse mit ausgeprägtem Geschmack oder vielen Ballaststoffen, die sie unbekömmlich machen: Kohl, Mairübchen,

OBST UND GEMÜSE – WARUM LIEBER GEGART ALS ROH?

Beim Kochen weichen die in pflanzlichen Zellwänden enthaltenen Ballaststoffe auf. Sie verlieren dadurch ihre Reizwirkung und werden bekömmlicher.

Gurken, Schwarzwurzeln, Rettiche, Paprika, Artischocken, Staudensellerie, Fenchel, Knoblauch, Zwiebeln, Schalotten etc.
- Scharfe Gewürze, Essig, Pfeffer.
- Kohlensäurehaltige Getränke.
- Alkoholische Getränke.

SCHLUSS MIT DEM BLÄHBAUCH

Wie kommt es dazu?

Viele meiner Klienten klagen, sie hätten ständig einen harten, aufgedunsenen Bauch, Blähungen und das Gefühl, dauernd Luft zu schlucken. Auslöser dieser unangenehmen Erscheinungen ist eine Gasansammlung im Verdauungstrakt, durch die sich Magen und Darm aufblähen.

Was sind die Auslöser?

Der Luftüberschuss kann verschiedene Ursachen haben. Zum einen **verschluckt man**

Luft, etwa wenn man Kaugummi kaut, wegen einer verstopften Nase durch den Mund atmet oder mit vollem Mund redet. **Manche Nahrungsmittel erzeugen im Bauch Luft:** Einige gären im Magen-Darm-Trakt, andere wie Gebäck aus Hefe- und Blätterteig (Toastbrot, Brioche), kohlensäurehaltige Getränke, Bier und bestimmte Süßstoffe setzen Gase frei.

Identifizieren Sie als Erstes, welche Situationen und Nahrungsmittel als Auslöser infrage kommen. Überlegen Sie, wie man sie in den Griff bekommt oder zumindest entschärft.

Das tut Ihnen gut

- Lassen Sie sich beim Essen Zeit und kauen Sie gründlich.
- Manche Kräuter und Gewürze sind seit alters her für ihre verdauungsfördernde Wirkung bekannt. Tees aus Sternanis, Thymian, Melisse, Minze und Rosmarin sind gut gegen Blähungen. Falls Sie stressanfällig sind, geben Sie etwas Baldrian oder Weißdorn dazu.
- Aktivkohle wird wegen ihrer absorbierenden Wirkung gegen Blähungen empfohlen.
- Tun Sie regelmäßig etwas, das Sie zur Ruhe bringt, und lernen Sie Entspannungstechniken: Sport, Spaziergänge, Musik, Yoga, Meditation oder was auch immer Sie entspannt.

Das sollten Sie meiden

- Achten Sie darauf, keine Luft zu schlucken! Sprechen Sie nicht beim Essen, kauen Sie kein Kaugummi, und hüten Sie sich vor kohlensäurehaltigen Getränken mit und ohne Zuckerzusatz sowie vor Hefegebäck und luftigen Aufläufen.
- Verzehren Sie möglichst wenig Süßstoffe, etwa in zuckerfreien Süßigkeiten oder Kaugummis. In größeren Mengen können sie harmlose Magen-Darm-Störungen auslösen.
- Schränken Sie Ihren Alkohol- und Kaffeekonsum ein.
- Meiden Sie eiskalte Getränke.
- Hüten Sie sich vor Hülsenfrüchten wie Kicher- und Trockenerbsen, Flageolet-Bohnenkernen oder Linsen. Sie verursachen oft Blähungen. Das Gleiche gilt für Kreuzblütler wie Weiß- und Blumenkohl oder Brokkoli. Als Püree oder Suppe sind sie dagegen besser verträglich.
- Beschränken Sie den Verzehr von Nahrungsmitteln mit hohem Anteil an wasserunlöslichen Ballaststoffen, denn sie können Magen und Darm reizen:
  - Vollkornprodukte, ganze Getreidekörner oder Kleie haben allesamt einen fabelhaften Ernährungs- und Gesundheitswert, werden aber von vielen schlecht vertragen.
  - Greifen Sie anstelle von Rohkost zu gegartem Obst und Gemüse; sie enthalten besser verdauliche Ballaststoffe.
  - Wer auf Rohkost nicht verzichten möchte, schneidet sie sehr klein und isst davon nur geringe Mengen gegen Ende der Mahlzeit.

Was versteht man unter Transitstörungen?

Durchfall

Von Durchfall spricht man, wenn jemand **öfter als dreimal am Tag Stuhlgang** hat. Er ist meist Ausdruck einer akuten vorübergehenden Krise, **die nur wenige Tage dauert.** Halten die Beschwerden aber an, sollte ein Arzt abklären, ob womöglich eine Entzündung, ein Infekt, eine chronische Erkrankung oder eine Allergie vorliegt.

Um das Wohlbefinden und eine »normale« Darmpassage wiederherzustellen, schränkt man Nahrungsmittel ein, die das Stuhlvolumen und die Häufigkeit des Stuhlgangs erhöhen, und greift vermehrt auf Bekömmliches zurück, das die Mineral- und Vitaminverluste wettmacht.

Das tut Ihnen gut

- Bevorzugen Sie **magere Fleisch- und Fischsorten,** mit wenig Fett zubereitet. Sie liefern hochwertiges Protein und essenzielle Mineralien.
- Essen Sie stärkehaltige Nahrungsmittel (Brot, Nudeln etc.) lieber ausgemahlen als aus Vollkorn. Da sie weniger Ballaststoffe enthalten, dicken sie den Stuhl ein.
- **Essen Sie Zucchini, Karotten und Rote Beten** in kleinen Mengen, möglichst durchgegart und als Püree. Als Obst eignen sich Bananen, Äpfel, Birnen, Pfirsiche und Quitten, sehr reif oder als Kompott.

- **Milchprodukte** liefern Kalzium, aber wählen Sie statt Milch lieber Hartkäse (Gruyère, Emmentaler etc.) oder Schmelzkäse.
- **Ziehen Sie Pflanzenfette** tierischen Fetten vor und verzehren Sie Öle lieber roh als gegart, denn sonst sind sie für die Schleimhäute schädlich.
- **Trinken Sie** mindestens 1,5 Liter Wasser in kleinen Mengen über den Tag verteilt, um den Flüssigkeitsverlust auszugleichen, am besten schwarzen Tee, Kräuter- oder Früchtetees, Leitungs- oder stilles (magnesiumarmes) Mineralwasser, Gemüsebrühe etc.
- **Essen Sie,** auch wenn Sie keinen Hunger haben. Um die verlorenen Makro- und Mikronährstoffe aufzufüllen, verteilen Sie am besten kleinere Portionen über den Tag.
- Beachten Sie das **Verfallsdatum** von Lebensmitteln und Hygieneregeln, um bakterielle Verunreinigungen zu verhüten.

Das sollten Sie meiden

- Fette, geräucherte, gepökelte und marinierte Fleisch- und Fischspeisen. Sie können die Darmpassage beschleunigen.
- Vollkorngetreide und -brot sowie Hülsenfrüchte wie Linsen, Kichererbsen, weiße oder rote Bohnen, grüne Bohnenkerne etc.
- Große Mengen an Obst und Gemüse mit Ausnahme von Zucchini, Karotten (lieber gekocht und als Püree), Roten Beten,

Bananen, Äpfeln, Birnen, Pfirsichen und Quitten (gekocht und als Kompott).
- Ölfrüchte (Mandeln, Wal-, Hasel- und Erdnüsse). Sie enthalten viele Ballaststoffe.
- Milch. Trinken Sie lieber pflanzliche Produkte wie Sojamilch.
- Sehr kalte oder heiße Getränke.
- Alles, was die Darmschleimhaut reizen kann: Schokolade, Kakao, Kaffee, Alkohol, scharfe Gewürze, Sauerkonserven, Essig etc. sowie Rauchen.

Verstopfung

Von Verstopfung spricht man, wenn jemand **weniger als dreimal pro Woche Stuhlgang hat**, der Stuhl hart und trocken ist und nur mühsam abgesetzt werden kann. Oft ist sie vorübergehend, meist ausgelöst durch einen veränderten Tagesrhythmus oder Stress. Unternimmt man allerdings nichts dagegen, wird sie nicht selten chronisch. Viele sprechen nicht gern über dieses Thema, doch angesichts der Tatsache, dass es in der Gesamtbevölkerung jeden fünften Mann und etwa jede zweite Frau betrifft, wundert es nicht, dass viele meiner Klienten mit genau diesem Problem in meine Sprechstunde kommen.

Ich gebe meinen Patienten Tipps, wie sie vorbeugen, die Darmpassage im Alltag regulieren und punktuell eine akute Verstopfung beheben können. Ich versuche stets, die Auslöser der Beschwerden zu identifizieren, um dann entsprechend dagegen vorzugehen. Oft ist die Verstopfung das Ergebnis mehrerer Faktoren, die sich wechselseitig verstärken. Viele dieser Patienten **bewegen sich nicht genug, essen eine ballaststoffarme Kost und trinken zu wenig.** Auch bestimmte Medikamente, hormonelle Umstellungen, Stress und Schlafstörungen können sich negativ auf die Darmpassage auswirken.

Meistens reicht es schon aus, wenn man sich einen **ausgewogenen Lebensstil** mit regelmäßigen Mahlzeiten, etwas **Bewegung**, eine **ballaststoffreiche Ernährung** und ausreichende Flüssigkeitsaufnahme angewöhnt.

Das tut Ihnen gut

Allgemeine Tipps
- **Gehen Sie in aller Ruhe auf die Toilette und lassen Sie sich Zeit.** Der Stuhlgang ist eine wichtige Körperfunktion. Sie unterstützen den natürlichen Ablauf mit einem Glas Wasser oder frisch gepresstem Fruchtsaft morgens auf nüchternen Magen.
- **Bewegen Sie sich!** Sportliche Betätigung, vor allem unter Beteiligung der Bauchmuskeln, regt die Peristaltik an, also die Kontraktionen der Darmmuskulatur. Versuchen Sie, sich jeden Tag ein bisschen Bewegung zu verschaffen: Nehmen Sie die Treppe, anstatt mit dem Aufzug zu fahren, gehen Sie zu Fuß zur Arbeit und treiben Sie mindestens einmal in der Woche Sport.

TIPP

Magnesiumreiches Wasser wirkt mild abführend und hilft hervorragend gegen Verstopfung.

Wählen Sie eine Sportart, die Ihnen Spaß macht, denn Sie sollten nicht nur unter Zwang hingehen.

- **Trinken Sie Wasser!** Von allen Getränken ist Wasser als einziges unverzichtbar. Es versorgt den Körper mit Flüssigkeit und hält den Speisebrei feucht. Natürlich nehmen Sie auch mit der Nahrung Wasser auf, aber das reicht nicht. Ideal sind rund 1,5 Liter Wasser am Tag, also sechs bis acht Gläser, vorzugsweise zwischen den Mahlzeiten. Bei heißem Wetter und beim Sport sollte es ruhig etwas mehr sein.

Ernährungstipps

Achten Sie auf eine **ballaststoffreiche Ernährung.** Eine erheblich größere Menge an Ballaststoffen erhöht das Stuhlvolumen und regt die Peristaltik des Dickdarms an. Auf die empfohlenen 25–30 Gramm Ballaststoffe am Tag zu kommen, ist nicht schwer:

- **Essen Sie jeden Tag Gemüse,** und zwar zu beiden Hauptmahlzeiten roh und/oder gegart. Wählen Sie je nach Verträglichkeit ballaststoffreiche Sorten wie Artischocken, Spinat, grüne Bohnen, grüne Erbsen, Lauch, Staudensellerie, Fenchel und Salate.
- **Essen Sie jeden Tag Obst:** zwei bis drei Portionen roh oder gegart, vorzugsweise Äpfel, Birnen, Pfirsiche, Mangos etc. Sofern Ihr Magen keine Probleme damit hat, sind die ganzen Früchte besser als Fruchtsäfte. Bio-Obst am besten mit Schale essen!
- **Hülsenfrüchte:** Linsen, rote Bohnen, Kichererbsen etc.
- **Dörrobst** wie Feigen oder Backpflaumen und rohe, naturbelassene Ölfrüchte wie Mandeln, Wal- und Haselnüsse etc.
- **Vollkorngetreide:** Vollkorn- oder Körnerbrot (mindestens 50 Gramm pro Tag), Vollkornnudeln, Naturreis etc.
- **Weizenkleie oder Leinsamen** nach und nach in der Menge steigern: in der ersten Woche 5 Gramm (1 Teelöffel) pro Tag, in der zweiten Woche 10 Gramm (1 Esslöffel) pro Tag und so weiter (bis 20 Gramm). Wählen Sie Bioqualität, und essen Sie dazu Joghurt, Kompott oder Salat. Oder mengen Sie die Samen selbstgebackenem Brot bei.
- **Achten Sie auf ausreichend Pflanzenfette:** 3–4 Esslöffel (z. B. Raps-, Walnuss-, Soja-, Lein- oder Olivenöl) pro Tag zum Kochen oder zum Würzen sollten es sein.

Vorsicht! Geht die Verstopfung mit Schmerzen einher, sollten Sie diese Empfehlungen abwandeln. Anstelle der wasserunlöslichen Ballaststoffe, die oft die Darmschleimhaut reizen, eignen sich in diesem Fall die bekömmlicheren wasserlöslichen Ballaststoffe besser, um das Stuhlvolumen zu erhöhen.

WAS HILFT BEI REIZDARM?

Das Reizdarmsyndrom, medizinisch *Colon irritabile,* **ist die gängigste funktionelle Störung des Verdauungsapparats,** die in erster Linie den Dickdarm betrifft. Es handelt sich nicht um eine Krankheit im

engeren Sinn, und es ist auch keine konkrete Ursache erkennbar, doch **können die Beschwerden bei manchen Patienten jahrelang anhalten und ihre Lebensqualität massiv beeinträchtigen.**
Typisch für dieses Syndrom sind Bauchschmerzen und Magenkrämpfe sowie in den meisten Fällen auch Blähungen, Darmgeräusche, Winde und Transitstörungen (Durchfall, Verstopfung oder abwechselnd das eine und das andere). Die Symptome treten oft nach den Mahlzeiten auf. Morgens sind sie schwach ausgeprägt, nehmen dann aber im Tagesverlauf zu. Sie können mehrere Wochen hintereinander oder mehrere Monate pro Jahr anhalten und sich phasenweise massiv verschlimmern.

Da zu diesen Verdauungsstörungen andere Beschwerden hinzukommen können – Enzymmangel, eine gestörte Darmflora, Unverträglichkeiten, eine Überempfindlichkeit gegen bestimmte Nahrungsmittel, Reizungen, Entzündungen der Magen- und Darmschleimhaut, Krämpfe, Stress oder Schlafstörungen, **sind Diagnose und Behandlung dieses Syndroms sehr kompliziert.**

Das empfehle ich

Ziel aller Empfehlungen ist es, **die Symptomatik zu lindern, zugleich aber auch die Ursachen in den Griff zu bekommen.** Das geschieht in erster Linie durch eine Sanierung der Darmflora, durch Stressabbau und die Einhaltung einer entzündungshemmenden Diät, die den Weg zurück zu einer besseren Verträglichkeit ebnet.
Am Anfang geht es vor allem darum, die akuten Symptome zu lindern:

- Verzehren Sie möglichst keine Nahrungsmittel, die schleimhautreizende Ballaststoffe enthalten.
- Wenn Sie vermuten, an einer Unverträglichkeit zu leiden, können Sie unter ärztlicher Aufsicht mit einer vorübergehenden Ausschlussdiät ausprobieren, ob ein bestimmtes Nahrungsmittel dafür in Frage kommt. Die Diät sollte jedoch nicht länger als ein paar Wochen dauern, denn auf Dauer hat ein Verzicht auf bestimmte Lebensmittel überhaupt keinen Sinn, es sei denn, eine Krankheit wie etwa eine nachgewiesene Glutenunverträglichkeit (Zöliakie) erfordert es.

Das sollten Sie meiden

- **Nahrungsmittel mit vielen schleimhautreizenden wasserunlöslichen Ballaststoffen:** Vollkorngetreide, Weizenkleie, Hülsenfrüchte, Kohl und andere Kreuzblütler, Nüsse, Knoblauch und Zwiebeln. Bevorzugen Sie Getreideprodukte aus Hafer und Roggen sowie aus Quinoa.
- **Fettige und frittierte Speisen**
- **Alkohol**
- Schränken Sie vorübergehend den Verzehr von Nahrungsmitteln ein, die viele sogenannte **FODMAP** enthalten – leicht vergärbare Kohlenhydrate, die Blähungen, Winde und Bauchschmerzen auslösen.

Das Akronym FODMAP steht für:
F = Fermentierbare (von Bakterien im Dickdarm vergärbare)
O = Oligosaccharide (Mehrfachzucker wie Fruktane und Galactooligosaccharide)
D = Disaccharide (Zweifachzucker wie Laktose)

Grundlagen

M = Monosaccharide (Einfachzucker wie Fruktose)

A = engl. »and« (und)

P = Polyole (mehrwertige Alkohole wie Sorbitol, Mannitol, Xylitol und Maltitol)

Wählen Sie Brot und Cerealien, die weniger Weizen enthalten, oder glutenfreie Produkte. Auch wenn es bei den FODMAP nicht um das Weizeneiweiß Gluten geht, sollten Sie Weizenprodukte meiden, denn sie enthalten Fruktane (Weizenzucker). Weichen Sie auf Reis, Hirse oder Quinoa aus, die weniger FODMAP enthalten.

Das tut Ihnen gut

Geben Sie diesen Nahrungsmitteln mit niedrigem FODMAP-Anteil den Vorzug. Das langfristige Ziel besteht darin,

- die Nahrungsmittel, die nachweislich schlecht vertragen werden, nach und nach wieder essen zu können, und
- durch die schrittweise Wiederaufnahme von ballaststoffreichen Gemüsen, Hülsenfrüchten und Vollkorngetreiden mit hohem Gehalt an Vitaminen, Mineralien, Omega-3-Fettsäuren, Polyphenolen und entzündungshemmenden Antioxidanzien

DIESE STARK FODMAP-HALTIGEN NAHRUNGSMITTEL SIND ZU MEIDEN:

Fruktose	Laktose	Fruktane	Galacto-oligosaccharide	Polyole
Obst: Äpfel, Mangos, Melonen, Kakis **Obstkonzentrate:** Dörrobst, Saft, Konserven **Süßstoffe:** Fruktose, fruktosereicher Maissirup **Honig**	**Milchprodukte:** Milch (Kuh, Ziege, Schaf), Sahne, Eiscreme, Joghurt, milchhaltige Süßspeisen, Milchpulver **Käse:** Sauermilch- und Frischkäse (Hüttenkäse, Mascarpone, Ricotta)	**Gemüse:** Artischocken, Spargel, Rote Beten, Brokkoli, Rosenkohl, Kohl, Auberginen, Fenchel, Knoblauch, Lauch, Zwiebeln, Schalotten **Getreide:** Weizen oder Roggen in großen Mengen (z. B. Brot, Cracker, Kekse, Couscous, Nudeln) **Obst:** Äpfel, Melonen, Kakis **Sonstige:** Endivie, Löwenzahn, Inulin, Pistazien	**Hülsenfrüchte:** Kichererbsen, rote Bohnen, Mungbohnen, Linsen, Edamame	**Obst:** Äpfel, Aprikosen, Avocados, Brombeeren, Kirschen, Litschis, Nektarinen, Pfirsiche, Birnen, Pflaumen, Backpflaumen, Melonen **Gemüse:** Blumenkohl, grüne Paprika, Pilze, Mais **Süßstoffe:** Sorbitol (420), Mannitol (421), Isomalt (953), Maltitol (965), Xylitol (967) **Sonstige:** Kaugummi, zuckerfreie Bonbons, »Light«-Limonaden

zu einer gesunden Ernährungsweise zurückzugelangen.

Diese Ernährungsweise bedingt ein **besseres Gleichgewicht des intestinalen Ökosystems** und der Darmflora. Sie sind gesünder und fühlen sich wohler.

In der zweiten Phase geht es darum, den oder die Auslöser zu beseitigen.

Die Darmflora sanieren

Liegt den Verdauungsbeschwerden eine Störung der Darmflora zugrunde, sollten Sie sich (schrittweise, nach Verträglichkeit) bestimmte Gewohnheiten zu eigen machen:

• Täglich Gemüse (mindestens 250 Gramm, später bis 500 Gramm pro Tag) und Obst; so bekommt die Darmflora genügend Ballaststoffe.
• Vollkorngetreide wegen der vielen Ballaststoffe, Vitamine und Mineralien.
• Müsli (aus Vollkorngetreide, Körnern und Dörrobst) als gute Quelle für Ballaststoffe, Vitamine und Mineralien, aber kein stark gezuckertes Industrieprodukt!
• Nahrungsmittel, die reich an Milchsäurebakterien (Laktobazillen) sind: Kefir, Joghurt und andere Sauermilchprodukte, Tempeh, Miso, Sauerkraut etc.

Heil- und Ergänzungsmittel

Begleitend zu einer ausgewogenen Ernährung haben sich Probiotika in Form von Nahrungsergänzungsmitteln in den meisten Fällen als ausgesprochen wirksam und frei von Nebenwirkungen erwiesen. Bleiben Sie aber wachsam. Wenn Sie sehr empfindlich sind, nehmen Sie Probiotika anfangs nur in geringer Dosierung und jeden zweiten Tag. Steigern Sie dann im Laufe von zwei Wochen nach und nach Dosis und Häufigkeit, im Idealfall auf täglich 5 Milliarden Milchsäurebakterien, die Sie zwei bis drei Monate lang zwischen den Mahlzeiten nehmen sollten. Sie können die Einnahme mehrere Monate fortsetzen, dann aber auf zweimal pro Woche beschränken.

Darmkrämpfe wirksam behandeln

Durch eine Steigerung der Magnesiumaufnahme lässt sich die Häufigkeit und Intensität von Krämpfen erheblich senken. Empfohlen werden je nach Geschlecht und Alter unterschiedliche Mengen, im Schnitt für Frauen etwa 350 mg und für Männer 420 mg pro Tag. Die jüngsten Studien zeigen allerdings, dass die meisten von uns im Alltag weitaus weniger zu sich nehmen.

Beim Reizdarmsyndrom wirkt sich das essenzielle Spurenelement Magnesium aufgrund seiner muskelentspannenden Wirkung günstig aus, denn es beruhigt und reguliert die Muskeltätigkeit (Peristaltik) des Darms. Ich empfehle deshalb, zu mehr Nahrungsmitteln zu greifen, die reichlich Magnesium enthalten, wie beispielsweise rohe, naturbelassene Mandeln, Cashew- und Paranüssen. Günstig sind auch Avocados, dunkle Schokolade, Quinoa, Bananen, Artischocken, Edamame und Kürbiskerne.

Heil- und Ergänzungsmittel

In vielen Fällen hat sich die Einnahme von 200–400 mg Magnesium in Form von Nahrungsergänzungsmitteln bewährt.

Schon nach wenigen Wochen tritt eine deutliche Besserung ein.

Stressabbau und besserer Schlaf

Stress kann durchaus positiv sein, denn er motiviert uns, macht uns fokussierter und befähigt uns, die gesteckten Ziele zu erreichen. Meist gehen Stress und Angst jedoch zu Lasten unseres Körpers ebenso wie unseres Geistes, Wohlbefindens und unserer Gesundheit. Stress löst zahlreiche Störungen aus. Neben Rücken- und Kopfschmerzen bereitet er auch Bauchweh, denn durch eine vermehrte Motilität im Magen-Darm-Trakt und verstärkte Sekretion von Verdauungssäften bringt er die Passagezeiten durcheinander.

Private oder berufliche Schicksalsschläge, Selbstzweifel und Veränderungen sind typische Auslöser für das Auftreten oder die Verschlimmerung von Verdauungsbeschwerden. Sicher haben Sie selbst schon einmal gemerkt, dass sich unter Stress die Symptome verschärfen, die Krisen häufen und die Schmerzen zunehmen. Man kann aber selbst etwas unternehmen, um den Stress in Schach zu halten.

- **Machen Sie Atemübungen.** Stress führt zu einer flachen Atmung, die den Organismus nicht mit genügend Sauerstoff versorgt, um sich zu entspannen. Versuchen Sie, langsamere und tiefere Atemzüge zu machen und in den Bauch hinein zu atmen.
- **Achten Sie auf Ihr Zeitmanagement.** Handeln Sie vorausschauend, setzen Sie Prioritäten und arbeiten Sie organisiert, um bösen Überraschungen vorzubeugen. Nehmen Sie sich Zeit für das, was Sie tun, auch wenn das bedeutet, dass Sie weniger schaffen.
- **Sehen Sie die Dinge gelassener**. Oft macht man sich völlig grundlos Sorgen, weil man sich immer das Schlimmste ausmalt, obwohl es gar keinen Anlass dafür gibt. Versuchen Sie, die Situation mit Abstand objektiv zu beurteilen. Geht man Probleme pragmatisch an, liegen vernünftige Lösungen oft viel näher.
- **Denken Sie positiv!** Bemühen Sie sich, die Dinge anders und positiver zu sehen, sich eher mit der Lösung als mit dem Problem zu beschäftigen. Ist klar, worin die Schwierigkeit liegt, dann werfen Sie nicht sofort das Handtuch, sondern überlegen Sie, was Sie dagegen tun können. Sagen Sie sich selbst immer wieder, dass Ihnen das auch gelingen wird.
- **Bewegen Sie sich!** Beim Sport können Sie Spannungen abbauen, Dampf ablassen und auf andere Gedanken kommen. Lässt der Druck nach, können Sie viel gelassener nachdenken und wohlüberlegte Entscheidungen treffen.
- **Gönnen Sie sich Auszeiten.** Zeit für sich selbst zu haben, ist wichtig! Sich selbst und seinem Körper Gutes tun, sich um seine Gesundheit kümmern, ist Voraussetzung für körperliches und seelisches Wohlergehen. Nur wer sich entspannt und in seinem Körper und Kopf wohlfühlt, kann sich entfalten oder einfach nur glücklich sein.

- **Achten Sie auf eine gesunde Ernährung.** Im Grunde gibt es keine guten oder schlechte Nahrungsmittel, denn das Wichtigste ist Ausgewogenheit. Dennoch kommt es Ihrer Gesundheit zugute, wenn Sie die richtigen Nahrungsmittel wählen, allen voran frisches Obst und Gemüse der Jahreszeit, Vollkorngetreide und Pflanzenfette. Meiden Sie möglichst alles, was stark verarbeitet, raffiniert und ausgemahlen ist.
- **Bestimmte Nahrungsergänzungsmittel** können gelegentlichen oder chronischen Stress sogar lindern.

Stress stört die hormonellen Abläufe im Gehirn und greift vor allem in den Serotoninkreislauf ein. Gerade dieser Neurotransmitter wirkt sich aber regulierend auf Stimmung, Schlaf und Verdauung aus.

Heil- und Ergänzungsmittel

Nahrungsergänzungsmittel auf der Basis der Aminosäure Tryptophan regen die Bildung von Serotonin im Gehirn und im Darm an und bessern damit die stressbedingten Beschwerden.

- Im Gehirn wirkt Tryptophan gegen Angst, Schlaflosigkeit und Störungen des Biorhythmus.
- Im Darm verbessert die vermehrte Sekretion von Serotonin die Darmpassage und verringert die Empfindlichkeit der Schleimhäute, also auch die Schmerzen.

Nehmen Sie zweimal täglich je 500 mg Tryptophan: eine Kapsel am Nachmittag und eine am Abend.

SPEISEZETTEL GEGEN STRESS

Obst	Gemüse	Getreide	Milchprodukte	Sonstige
Obst: Bananen, Brombeeren, Cranberrys, Weintrauben, Grapefruits, Kiwis, Zitronen, Mandarinen, Orangen, Passionsfrüchte, Papayas, Erdbeeren, Himbeeren, Rhabarber Dörrobst jeweils in kleineren Mengen verzehren	**Gemüse:** Tomaten, Palmherzen, Karotten, Sellerie, Chicorée, grüne Bohnen, Kopfsalat, Zucchini, Kürbisse, Paprika, Mangold, Pastinaken, Süßkartoffeln, Kartoffeln, Spinat, Mairübchen, Luzerne (Alfalfa), Steckrüben, Jamswurzel **Küchenkräuter:** Basilikum, Koriander, Ingwer, Zitronenmelisse, Majoran, Minze, Oregano, Petersilie, Rosmarin, Thymian	**Getreide:** Dinkel, Reis, Quinoa, Amarant, Buchweizen, Hafer, Mais, Polenta, Hirse, Müsli, Sorghum, Tapioka Brot, Nudeln und Gebäck aus diesen Mehlsorten und Ausgangsstoffen; Kastanienmehl	**Milch:** laktosefreie Milch, Reis-, Mandel-, Hafer- und Kokosmilch **Käse:** Hart-, Weich- und Brühkäse (Cheddar, Comté, Blauschimmelkäse, Brie, Emmentaler, Mozzarella, Camembert etc.) **Joghurt:** laktosefreier Joghurt, Sojajoghurt	**Naturbelassener Tofu** **Zucker und Süßstoffe:** Zucker (Saccharose), Glukose und Süßstoffe, die nicht auf »-ol« enden, Stevia **Honigersatz:** Zucker- und Ahornsirup, Agavendicksaft Öle anstelle von Sahne

Meine Speisekammer

Wasser

Wasser ist für unsere Gesundheit unerlässlich, nicht zuletzt, weil unser Körper zu 70 Prozent daraus besteht. Pro Tag sollten es mindestens ein bis eineinhalb Liter zusätzlich zu dem sein, was wir mit der Nahrung zu uns nehmen. Bei heißem Wetter, bei sportlicher Betätigung oder während einer Erkrankung benötigen wir noch mehr.

Eine ausreichende Versorgung mit Flüssigkeit ist zudem Voraussetzung für eine funktionierende Darmpassage. Allerdings sollte man nicht zu den Mahlzeiten, sondern zwischendurch Wasser trinken, damit der Magen nicht überdehnt wird.

Wichtig: Bei Durchfall müssen Sie auf jeden Fall mehr trinken, um den Flüssigkeitsverlust auszugleichen. Trinken Sie schluckweise und in regelmäßigen Abständen. Bei Verstopfung ist ein großes Glas Wasser morgens auf nüchternen Magen ein probates Mittel, um die Darmtätigkeit anzuregen und den Entleerungsreflex auszulösen.

Zucchini

Zucchini ohne Haut und Kerne sind neben Auberginen die bekömmlichsten Gemüse. Sie enthalten die wasserlöslichen Ballaststoffe Zellulose und Pektin, die besonders schonend für die Schleimhäute sind und die Darmpassage regulieren.

Wichtig: Eine Zucchini enthält ca. 1 Gramm Ballaststoffe.

Karotten

Auch Karotten regulieren sehr wirksam die Darmpassage, sie sind reich an gut verträglichen Ballaststoffen, die viel Wasser binden und so die Stuhlkonsistenz verbessern. Bei trägem Darm wirken sie Verstopfungen entgegen. Paradoxerweise helfen sie auch gegen Durchfall, vor allem als Suppe oder Püree.

Wichtig: Eine Karotte enthält ca. 3 Gramm Ballaststoffe.

Fenchel

Fenchel gehört zu den Gemüsen, die sich bei Darmbeschwerden besonders anbieten. Er ist zum einen reich an Ballaststoffen, enthält zum anderen aber auch das ätherische Öl Anethol, das gleich mehrfach günstig auf die Verdauung wirkt. Es regt die Verdauung an, lindert Krämpfe und Bauchschmerzen und verhindert die Bildung von Gasen, weil es die Gärung von Nahrungsmitteln bei der Verdauung unterbindet.

Wichtig: Zusammen mit Minze verhütet Fenchel Völlegefühl nach dem Essen, Blähungen und Übelkeit.

Schwarze Winterrettiche

Sie enthalten organische Schwefelverbindungen, die den Gallenfluss in Leber und Gallenblase und damit die Ausleitung von Gift- und Abfallstoffen anregen. Deshalb empfiehlt man Winterrettich gern zum Entschlacken im Frühling und Herbst oder nach einem reichhaltigen Mahl.

Wichtig: Winterrettich isst man geschält entweder roh (geraspelt oder in feinen Streifen im Salat) oder gegart. Man bekommt ihn auch als Saft, Extrakt, Pulver oder Kapseln, aber frisch ist er am gesündesten!

Birnen

Falls Sie an Darmträgheit leiden, sind Birnen für Sie genau das richtige Obst. Sie enthalten viel Wasser und wasserunlösliche Ballaststoffe, die das Stuhlvolumen erhöhen und die Darmpassage beschleunigen. Allerdings können gerade diese Ballaststoffe bei Menschen mit empfindlichem Verdauungssystem die Darmwände reizen. In diesem Fall sollte man Birnen gut durchgereift, gekocht oder als Kompott verzehren.
Wichtig: Eine Birne mit Schale enthält ca. 2,5 Gramm Ballaststoffe.

Ananas

Genau wie Birnen enthalten Ananas wasserunlösliche Ballaststoffe, die für ein reibungsloses Funktionieren des Verdauungstrakts sorgen. Außerdem enthalten sie das Enzym Bromelain, das die Eiweißverdauung fördert und damit Magenverstimmungen und dem damit oft einhergehenden Sodbrennen vorbeugt. Essen Sie Ananas am besten frisch, denn das Bromelain ist ausgesprochen empfindlich gegenüber Hitze und verflüchtigt sich beim Einkochen oder industriellen Versaften.
Wichtig: Eine Ananas enthält ca. 1,5 Gramm Ballaststoffe.

Äpfel

Dass Äpfel so gut für die Verdauung sind, liegt an der Natur der darin enthaltenen Ballaststoffe. Pektine, Protopektine und Pektinsäure kann der Körper ausgesprochen gut resorbieren. Sie regulieren die Darmpassage auf sanfte Weise. Pektin und Protopektin sind wasserlösliche Ballaststoffe, die im Kontakt mit Wasser zu einem Gel aufquellen und dafür sorgen, dass der Speisebrei glatt durch den ganzen Verdauungstrakt rutscht und zügig ausgeschieden wird. Pektinsäure dagegen ist ein wasserunlöslicher Ballaststoff, jedoch mit der Besonderheit, dass sie Wasser bindet und damit das Stuhlvolumen erhöht. Damit stimuliert sie zugleich die Motilität des Verdauungstrakts und beschleunigt so die Darmpassage.
Wichtig: Ein Apfel mit Schale enthält ca. 3 Gramm Ballaststoffe.

Bananen

Bananen werden hervorragend vertragen und sind gegen Durchfall zu empfehlen. Die darin enthaltene Stärke begünstigt die Resorption von Flüssigkeiten aus dem Dickdarm, senkt damit den Wassergehalt des Stuhls und bringt so dem Durchfall zum Stillstand. Durch ihren hohen Ballaststoffanteil normalisiert sich die Darmpassage rasch.
Wichtig: Bananen lindern auch Sodbrennen und saures Aufstoßen.

Heidelbeeren

Diese Beeren wirken sich günstig bei Verdauungsbeschwerden und Transitstörungen aus, vor allem bei Durchfall. Sie enthalten Tannine, die Darmkrämpfe und die damit verbundenen Schmerzen lindern. Ihre antibakteriellen Eigenschaften ergänzen ihre Wirkung gegen Durchfälle.

Wichtig: 100 Gramm Heidelbeeren enthalten 3–5 Gramm Ballaststoffe.

Leinsamen

Leinsamen haben wegen ihres hohen Gehalts an Ballaststoffen und mehrfach ungesättigten Fettsäuren eine abführende Wirkung, die bei Verstopfung mit Bauchschmerzen besonders wertvoll ist. Unzerkleinert oder geschrotet verzehrt sind sie unverdaulich, bilden aber Schleim und durchwandern den Verdauungstrakt im Ganzen. Sie erhöhen damit das Stuhlvolumen und fördern die Darmpassage. In Form von Leinöl sind sie weniger für die Verdauung als für die Ernährung besonders wertvoll. Leinöl enthält von allen Pflanzenölen die meisten Omega-3-Fettsäuren, die zum reibungslosen Funktionieren des Gehirns und Nervensystems beitragen, Haut und Haare schön machen, Infekte abwehren und Herz-Kreislauf-Erkrankungen vorbeugen.

Wichtig: Ein Esslöffel Leinsamen enthält 3 Gramm Ballaststoffe.

Chiasamen

Chiasamen sind ausgesprochen reich an Ballaststoffen und guten Fetten, vor allem Omega-3-Fettsäuren. Dank der Ballast- und Schleimstoffe in ihrer Schale, die ebenso wie bei Leinsamen im Darm aufquellen, erhöhen sie das Stuhlvolumen und begünstigen so die Darmpassage.

Wichtig: Ein Esslöffel Chiasamen enthält 4 Gramm Ballaststoffe.

Pflanzenöle

Als Energielieferanten sind Pflanzenöle ebensolche Kalorienbomben wie die tierischen Fette in Butter oder Sahne, doch unter Ernährungs- und Verdauungsgesichtspunkten sieht die Sache völlig anders aus. Während tierische Fette aufgrund gesättigter Fettsäuren und Cholesterin weniger günstig sind, enthalten Pflanzenfette vorwiegend die bekömmlicheren und gesünderen ungesättigten Fettsäuren.

Wichtig: Damit sich die guten Eigenschaften ergänzen, verwenden Sie abwechselnd verschiedene Öle, vorzugsweise Raps-, Lein- und Walnussöl, die reich an Omega-3-Fettsäuren sind. Am besten eignen sich hochwertige kaltgepresste Öle.

Pflanzencreme

Als pflanzliche Alternative zu Sahne aus Kuhmilch bekommt man heute Produkte aus Soja, Reis, Hafer, Mandeln oder Kokosnuss, die sich genauso verwenden lassen wie Crème fraîche. Sie haben weniger Kalorien und enthalten meist weder Cholesterin noch gesättigte Fettsäuren, machen die Gerichte also leichter und bekömmlicher. Wer auf tierische Nahrungsmittel ganz oder teilweise verzichten möchte oder keine Laktose verträgt, kann damit seine Lieblingsspeisen trotzdem essen.

Weißes Fleisch und Geflügel

Weißes Fleisch ist weniger fett und bekömmlicher als rotes Fleisch, vor allem wenn man die Haut weglässt.

Fisch

Weißfische sind weniger fett und besser bekömmlich als Fettfische, die jedoch aufgrund ihres beachtlichen Gehalts an Omega-3-Fettsäuren durch nichts zu ersetzen sind. Essen Sie mindestens zweimal pro Woche Fettfische!

Eier

Am besten verdaulich sind Eier, wenn das Eiweiß möglichst fest und das Eigelb möglichst flüssig ist, idealerweise in Wasser weich gekocht, pochiert oder in einer beschichteten Pfanne mit wenig oder keinem Fett gebraten.

Wichtig: Achten Sie beim Einkauf darauf, dass Fleisch, Fisch und Eier viele Omega-3-Fettsäuren enthalten, also aus biologisch-dynamischer Produktion stammen, die auf das Wohlergehen der Tiere genauso viel Wert legt wie auf den Umweltschutz und die bestmögliche Qualität des Produkts.

Ingwer

Ingwer fördert die Darmpassage und bringt einen Hauch Exotik auf den Teller. Er regt die Bildung von Galle an, die Fette in Fettsäuren zerlegt, und begünstigt zudem die Wirkung der Verdauungsenzyme.

Wichtig: Als Pulver oder frisch in feine Scheiben geschnitten, nutzen Sie alle Vorzüge des Ingwers und geben Speisen ein würzig-frisches Aroma.

Kurkuma

Über die entzündungshemmende und antioxidative Wirkung hinaus wirkt Kurkuma sehr effizient Verdauungsbeschwerden entgegen. Sie regt die Sekretion des Schleims an, der die Magen- und Darmwände überzieht, fördert die Darmpassage und lindert Reizungen und Bauchschmerzen. Zudem regt sie den Gallenfluss an und unterstützt damit die Fettverdauung und die Ausscheidung von Cholesterin in Form von Gallensalzen.

Rosmarin

Rosmarin regt die Tätigkeit der Gallenblase an und fördert so die Verdauung. Dank seiner muskelentspannenden Wirkung lindert er Krämpfe und Bauchschmerzen, wirkt Gärvorgängen im Darm entgegen und verringert so Blähungen.

Thymian

Thymian wirkt sich bei allen Darmproblemen günstig aus. Zusammen mit Aktivkohle bekämpft man damit erfolgreich Blähungen und Winde. Seine antiseptische Wirkung ist auch für den Darm positiv, vor allem bei Durchfall.

FAQ

Welche Haltbarkeitsdaten sind zu berücksichtigen?

- Steht auf den Verpackungen von Nahrungsmitteln der Hinweis »zu verbrauchen bis … «, dann handelt es sich um ein Verfallsdatum, nach dem Sie das Produkt keinesfalls mehr verzehren dürfen, denn es kann dann gesundheitliche Gefahren bergen. Diese Hinweise sind auf bestimmten abgepackten Frischwaren vorgeschrieben.

- Steht auf der Packung allerdings »Mindestens haltbar bis … «, handelt es sich um ein Mindesthaltbarkeitsdatum, ab dem das Produkt möglicherweise an Geschmack und Ernährungswert verliert, aber bedenkenlos und ohne gesundheitliche Folgen verzehrt werden kann. Man findet diesen Hinweis z. B. auf Getränken, Konserven, Nudeln, Reis, Zucker und anderen Trockenprodukten.

- Vielfach übersehen wird ein wichtiger Hinweis: Zusätzlich zum Mindesthaltbarkeitsdatum wird oft angegeben, bei welcher Temperatur man das Produkt nach dem Öffnen der Packung lagern muss, um keine Gesundheitsrisiken einzugehen.

- Falls angegeben, beachten Sie auch die Hinweise zur Zubereitungsart, wenn zum Beispiel bei Fleisch angegeben ist, dass man es nur gut durchgebraten verzehren darf.

Auch wenn jeder Fall je nach Lebensumständen und Tätigkeiten verschieden ist – was soll ich generell essen und trinken, damit ich mich nicht den ganzen Tag vollgestopft fühle?

Achten Sie morgens früh vor allem auf eine ausreichende Flüssigkeitszufuhr, zum Beispiel mit einem Heißgetränk wie grünem Tee, heißer frisch gepresster Zitrone oder sogar einem milden Kaffee, eventuell mit etwas Milch. Dazu könnten Sie ein fettarmes Milchprodukt, ein Müsli oder ein Vollkornbrot mit ein wenig Butter essen.

- Morgens braucht der Organismus vor allem hochwertiges Protein. Gönnen Sie sich ein Frühstücksei, eine Scheibe Käse, Putenaufschnitt oder Räucherlachs. Nehmen Sie sich Zeit, am Tisch zu essen und gründlich zu kauen, denn sonst riskieren Sie, dass die Verdauung nicht gut anläuft und Ihnen schon das Frühstück auf den Magen schlägt.

- Wählen Sie zum Mittagessen rohe oder gegarte Gemüse in Form von Suppe oder Saft, dazu stärkehaltige Nahrungsmittel (besonders bekömmlich sind Hülsenfrüchte, Quinoa, Süßkartoffeln oder Naturreis) und eine kleine Menge Fleisch, Fisch, Eier oder Tofu, mit ein wenig Oliven- oder Rapsöl angemacht, und zum Nachtisch ein Milchprodukt, frisches Obst oder Kompott – aber nur, falls Sie noch Appetit haben. Hören Sie auf Ihr Sättigungsgefühl!

- Sind Sie satt, heben Sie sich den Nachtisch lieber für eine Zwischenmahlzeit auf, etwa wenn Sie im Laufe des Nachmittags eine Pause einlegen.

- Abends empfiehlt sich ein leichtes Essen in entspannter, geselliger Tischrunde. Am besten eignen sich Gemüse und stärkehaltige Nahrungsmittel wie Suppe, Gratin oder Püree ... Zum Nachtisch gibt es wiederum etwas Obst.

Ich trinke vor dem Schlafengehen gern einen Kräutertee. Welche Kräuter sind verdauungs- und schlaffördernd?

Ein Kräutertee am Abend ist eine sehr gute Idee, allerdings weder direkt nach dem Abendessen noch unmittelbar vor dem Zubettgehen. Verdauungsfördernd sind Tees aus Minze, Süßholz, Rosmarin und Eisenkraut (Verbene), aber es spricht auch nichts gegen einen beruhigenden Aufguss aus Passionsblumen, Kamille, Orangenblüten, Lindenblüten oder Weißdorn. Auf Zucker sollten Sie verzichten. Mögen Sie den Tee nicht ungesüßt, trinken Sie ihn mit einem Teelöffel Honig oder Agavendicksaft.

Ich esse jeden Morgen Leinsamen in Quark und bestreue damit auch

Salate und Suppen. Ich weiß, dass sie gut für die Verdauung und generell gesund sind, weiß aber nicht, wie man sie aufbewahrt, damit von ihren Vorzügen nichts verloren geht. Wo und wie lagert man sie?

Ganze Leinsamen haben eine feste Schale und können deshalb bei Zimmertemperatur aufbewahrt werden. Aufgebrochene Leinsamen sind empfindlicher. In einem luftdichten Behälter dunkel aufbewahrt, halten sie drei Monate, am besten im Kühlschrank.

Ist auch bei den Ölen die Aufbewahrungsart abhängig von ihrer Zusammensetzung?

Unbedingt! Öle enthalten unterschiedliche Fettsäuren, von denen einige mehr, andere weniger empfindlich sind. Je reicher ein Öl an ungesättigten Fettsäuren ist, desto schneller wird es ranzig. Öle reagieren stark mit Luft (Oxidation) und müssen deshalb immer möglichst vor Luft, Wärme und Licht geschützt aufbewahrt werden.

Generell kauft man Öl am besten jeweils in kleinen Mengen in dunklen Glasflaschen.

- Am heikelsten sind Lein-, Nachtkerzen- und Borretschöl. Sie gehören unbedingt in den Kühlschrank und müssen nach dem Öffnen innerhalb von zwei Monaten verbraucht werden.

FAQ

- Walnuss-, Haselnuss-, Weizenkeim-, Hanf- und Kürbiskernöl halten sich im Kühlschrank ebenfalls länger.

- Oliven-, Sesam-, Sonnenblumen- und Kokosöl sind weniger empfindlich und können ungekühlt verwahrt werden.

Ich habe gehört, milchsauer vergorene Speisen seien gesund und verdauungsfördernd. Was genau sind das für Nahrungsmittel und ist ihr Ruf wirklich begründet?

Die Milchsäuregärung ist bei bestimmten Nahrungsmitteln ein natürlicher Vorgang, bei dem Zucker in Milchsäure umgewandelt wird. Beispiele für milchsauer vergorene Nahrungsmittel sind Joghurt, Kefir und Käse, aber der Vorgang beschränkt sich nicht auf Milchprodukte, sondern betrifft auch ganz andere Speisen wie Kohl in Form von Sauerkraut oder Kimchi, saure Gurken, Rote Beten, Kombucha, Miso, Sojasaucen etc.

Gesund sind milchsauer vergorene Nahrungsmittel aus mehreren Gründen: Die darin enthaltenen Vitamine und Mineralien werden konserviert und ihre Ballaststoffe in leichter verdauliche lösliche Ballaststoffe umgewandelt. Da bei diesem Verfahren probiotische Bakterien eine Rolle spielen, wirkt es sich günstig auf die Verdauung und die Darmgesundheit aus.
Ich empfehle regelmäßige kleine Mengen milchsauer vergorener Gemüse und Säfte, möglichst am Beginn einer Mahlzeit verzehrt, und Würzmittel wie Miso-, Tamari- und Shoyu-Saucen, erhältlich in Bio- oder Asialäden. Nehmen Sie milchsaure Getränke wie Kombucha und Kefir am besten zwischen den Mahlzeiten zu sich.

Welche Nahrungsergänzungsmittel wirken verdauungsfördernd? Und in welchen Fällen sollte man sie einnehmen?

Liefert unsere Nahrung nicht alles, was der Körper braucht, können natürliche Ergänzungsmittel eine wertvolle Hilfe sein. Angeboten werden zahlreiche hochwirksame Pflanzenprodukte.

- Sodbrennen, Reflux: Heilerde, Fenchelpulver, Rotalgen (*Lithothamnium*)

- Blähungen, Winde: Heilerde, Aktivkohle, Engelwurz, Rosmarinpulver

- Chronische Verstopfung, Passageregulierung: Leinsamen, Artischocken, Boldo (*Peumus boldus*)

- Akute Verstopfung: Sennesblätter

- Verdauungsbeschwerden: Artischocken, Boldo, Erdrauchkraut, Kurkuma, Schwarzer Winterrettich, Salbei

- Durchfall: Heilerde, Aktivkohle, Heidelbeerpulver

- Bauchschmerzen: Engelwurz, Fenchelpulver, Melisse, Heidelbeeren

- Übelkeit: Fenchelpulver oder Erdrauchkraut, frischer Ingwer

- Reizdarmsyndrom: Aktivkohle, Fenchelpulver

- Darmkrämpfe: Engelwurz, Fenchel, Melisse, Heidelbeeren, Rosmarin, Salbei

10 Empfehlungen für eine gute Verdauung

1• Nehmen Sie sich Zeit zum Essen und Kauen und achten Sie auf eine ruhige, positive Umgebung.

2• Meiden Sie üppige Mahlzeiten. Verteilen Sie mehrere kleine Portionen über den Tag.

3• Verzehren Sie täglich Obst und Gemüse und sorgen Sie für Abwechslung.

4• Essen Sie wenig Fett, bevorzugt Pflanzenöle wie Rapsöl wegen seines hohen Gehalts an Omega-3-Fettsäuren.

5• Bereiten Sie Speisen fettarm zu. Gesund sind Dämpfen, Kochen in Wasser, Backen oder fettfreies Braten in einer beschichteten Pfanne.

6• Wasser ist als einziges Getränk unverzichtbar. Trinken Sie davon reichlich, weder zu heiß noch zu kalt, in kleinen Schlucken über den ganzen Tag verteilt.

7• Treiben Sie möglichst regelmäßig Sport. Bewegung tut gut – fordern Sie sich!

8• Schlafen Sie viel. Ihre Verdauungsorgane regenerieren sich im Schlaf.

9• Meiden Sie aufputschende Genussmittel wie Alkohol, Kaffee oder Nikotin, aber auch kohlensäure- und zuckerhaltige Getränke.

10• Finden Sie heraus, was Ihre Beschwerden auslöst. Verträglichkeit ist individuell verschieden. Lernen Sie, auf Ihren Körper und seine Bedürfnisse zu hören. Meiden Sie Nahrungsmittel, die Ihnen nicht gut bekommen.

TEIL 2

Rezepte

Smoothies liegen voll im Trend. Seit einigen Jahren sind sie aus den Kühlregalen der Supermärkte, aus angesagten Lokalen oder Cafés und von den Rezeptseiten der Gesundheits- und Schönheitsmagazine nicht mehr wegzudenken.

Was sind Smoothies eigentlich?

Smoothies sind eine amerikanische Erfindung. Es sind dickflüssige Obst- und Gemüsesäfte mit sämiger Textur und fein nuancierten Aromen. Man genießt sie so, wie sie aus dem Mixer kommen, oder mischt sie mit Wasser, Fruchtsaft, Sojamilch, Joghurt oder zerstoßenem Eis. Mit Gewürzen oder Küchenkräutern verfeinert, werden sie noch pfiffiger und gesünder.

Wie bereitet man Smoothies zu?

Obst und Gemüse werden roh verarbeitet (also nicht durch Kochen denaturiert) und im Mixer oder mit dem Schneidstab püriert. Man zerkleinert sie in der Regel mitsamt der Schale, so behalten sie sämtliche Ballaststoffe, Vitamine und Mineralien.

In einem Smoothie finden sich alle Inhaltsstoffe der naturbelassenen Obst- und Gemüsesorten wieder: Makro- und Mikronährstoffe sowie wasserlösliche und -unlösliche Ballaststoffe.

Dank dieser wasserunlöslichen Ballaststoffe regt ein Smoothie die Verdauung genauso an wie die unzerkleinerte Frucht. Falls Sie Rohkost schlecht vertragen, sollten Sie deshalb mit Smoothies vorsichtig sein.

Bekömmlicher sind Smoothies aus Obst- und Gemüsesorten mit vielen wasserlöslichen Ballaststoffen, die meist besser vertragen werden: Feigen, Äpfel, Birnen, Quitten, Bananen, Orangen, Grapefruits, grüne Bohnen, Karotten, Kartoffeln, Erbsen, Pastinaken.

Was unterscheidet Smoothies und Säfte?

Beim Versaften mit dem Entsafter oder einer Zentrifuge trennt man das Fruchtfleisch mit den wasserunlöslichen Ballaststoffen vom Saft, der nur noch wasserlösliche Ballaststoffe enthält.

Säften fehlen deshalb die wasserunlöslichen Ballaststoffe ebenso wie ein Gutteil der Vitamine und Mineralien, denn die bleiben ebenfalls in Fruchtfleisch und Schale zurück.

Zudem gilt: Je fester ein Nahrungsmittel ist, desto gründlicher muss es gekaut und verdaut werden. Das braucht seine Zeit, und die Makro- und Mikronährstoffe werden nur nach und nach aufgenommen.

Da Säfte dünnflüssiger als Smoothies sind und keine wasserunlöslichen Ballaststoffe enthalten, werden sie hingegen rascher aufgespalten und vom Körper aufgenommen, sodass auch der darin enthaltene Zucker viel eher in die Blutbahn gelangt. Damit schnellt der Blutzuckerspiegel ebenso in die Höhe wie die Insulinproduktion. Die Folge: Ihnen knurrt früher wieder der Magen. Andererseits hat Ihr Verdauungstrakt mit Saft weniger Mühe.

Was sind »grüne« Smoothies?

Üblicherweise bereitet man Smoothies aus Obst zu, besonders lecker und gesund ist aber ein Gemisch aus Obst und Gemüse. Es enthält viel weniger Zucker und Kalorien als reine Obstzutaten. Das lohnt sich!

Um reichlich Vitamine und Mineralien zu tanken, ohne sich mit Zucker und Kalorien zu belasten, wählen Sie deshalb am besten »grüne« Smoothies. Wie der Name sagt, bestehen sie hauptsächlich aus urgesunden grünen Blattgemüsen. Sie enthalten jede Menge Vitamine, sekundäre Pflanzen- und Ballaststoffe, teilweise auch Protein, Eisen, Kalzium und wertvolle Fettsäuren.

Mikronährstoffe sind winzige Partikel, die hochempfindlich auf Luft, Licht und Hitze reagieren. Um alle Vorzüge Ihres Smoothies zu genießen, trinken Sie ihn deshalb direkt nach der Zubereitung, idealerweise innerhalb von 10 Minuten!

Auf den folgenden Seiten finden Sie einige Rezepte für besonders bekömmliche Smoothies. Tasten Sie sich an dieses Geschmackserlebnis langsam heran.

Je nach Farbe enthalten die Pflanzen bestimmte Antioxidanzien teils in größeren, teils in kleineren Mengen. Sie haben deshalb unterschiedliche Eigenschaften.

Vielleicht testen Sie erst einmal diese Rezepte und machen sich dann ans eigene Experimentieren. Variieren Sie die Zusammensetzung nach Neigung, Appetit, Anlass und Jahreszeit. Lassen Sie Ihrer Fantasie freien Lauf, aber versuchen Sie sich nicht gleich an allzu komplizierten Rezepten. Oft ist das Einfachste das Beste!

GRÜNES BLATTGEMÜSE

- **Mildes Grün:** Amarant, Mangold, Chicorée, Spinat, Kopfsalat, Feldsalat, Portulak
- **Pikantes Grün:** Kresse, Rucola
- **Grün von Biogemüse** wie Roten Beten, Mairübchen, Pastinaken, Radieschen
- **Kreuzblütler:** Weiß-, Rosen-, China-, Grün- und Blattkohl
- **Küchenkräuter:** Dill, Basilikum, Koriander, Minze, Petersilie
- **Wildkräuter:** Brennnessel, Waldsauerklee, Löwenzahn, Wegerich

Veggie-Smoothies

Veggie-Smoothie in Smaragdgrün

Süsse Version

Zutaten
1 Banane
2 Kiwis
1 Zitrone
1 reife Mango
200 ml Mandel- oder Kokosmilch

Süss-pikante Version

Zutaten
1 Handvoll frische Spinatblätter
50 g Staudensellerie
½ Zucchini
½ Gurke
½ Apfel
½ Banane
75 ml Wasser
Koriander
Kurkuma

Veggie-Smoothie in Zitronengelb

Süsse Version

Zutaten
1 Banane
1 Orange
½ Mango
½ frische Ananas
1 Limette

Süss-pikante Version

Zutaten
1 Avocado
1 gelbe Zucchini
1 Zitrone
1 sehr reife Mango
200 ml Mandelmilch

Hitliste – Grünes Obst und Gemüse

Gurken, Spinat, Kopfsalat, Feldsalat, Rucola, Petersilie, Kohl, Grünkohl, Avocados, Zucchini, Staudensellerie, Limetten, Äpfel, Birnen, Weintrauben

Veggie-Smoothies

Veggie-Smoothie in Sonnenorange

SÜSSE VERSION

Zutaten
1 Banane
1 Mango
1 Orange
1 Birne

SÜSS-PIKANTE VERSION

Zutaten
100 g Karotten
1 Orange
1 TL Agavendicksaft
1 TL Sesamöl
1 Stückchen Ingwer
Koriandergrün
Salz, Pfeffer

HITLISTE – GELBES OBST UND GEMÜSE

Gelbe Paprika, gelbe Zucchini, Karotten, Kürbisse, Süßkartoffeln, Bananen, Aprikosen, Mangos, Ananas, Orangen, Zitronen, Mandarinen, Clementinen, Pfirsiche, Mirabellen, Cantaloup-Melonen

Veggie-Smoothies

Veggie-Smoothie in Pflaumenblau

Süsse Version

Zutaten
1 Banane
3 Pflaumen
125 g Heidelbeeren
½ Gurke
125 g Kopfsalat
200 ml Wasser

Süss-pikante Version

Zutaten
2 gekochte Rote Beten
1 TL Puderzucker
2 EL Balsamessig
1 EL Olivenöl
200 ml Sojamilch
Salz, Pfeffer

Hitliste – Lila Obst und Gemüse

Rote Beten, lila Karotten, Rotkohl, Auberginen, Heidelbeeren, Acai-Beeren, Schwarze Johannisbeeren, schwarze Süßkirschen, Brombeeren, Pflaumen, Backpflaumen

Veggie-Smoothie in Bonbonrosa

Süsse Version

Zutaten
1 Banane
125 g Himbeeren
125 g Erdbeeren
200 g Sojajoghurt mit roten Früchten

Süss-pikante Version

Zutaten
1 gekochte Rote Bete
Saft von 1 Orange
125 g Himbeeren
200 ml Sojamilch

Hitliste – Rosarotes Obst und Gemüse

Tomaten, Rhabarber, Erdbeeren, Himbeeren, helle Kirschen, Granatäpfel, Stachelbeeren, Litschis, Wassermelonen

Cocktails als Verdauungshelfer

VITALITÄT

Zutaten
500 ml Wasser
1 Beutel Pfeffer-
minztee
1 Beutel Grüntee
125 ml Mangosaft
100 g Ananas,
gewürfelt
Minzeblättchen
zum Garnieren
1 Zitronenscheibe
zum Garnieren

- Je 1 Beutel Grün- und Pfeffer-
minztee mit 500 ml siedendem
Wasser aufbrühen und 5 Minuten
ziehen lassen. Die Beutel entfernen
und den Tee 30 Minuten kalt stellen.
- Im Mixer Tee, Mangosaft und
Ananaswürfel pürieren.
- Den Smoothie mit ein paar Eis-
würfeln in ein Glas füllen und
mit Minzeblättchen und Zitronenscheibe garnieren.

ENERGIE

Zutaten
250 ml
Cranberrysaft
Saft von 1 Limette
½ Granny Smith-
Apfel
10 g frischer Ingwer
125 g Heidelbeeren
1 EL Honig
1 Scheibe
Sternfrucht
(Karambole) zum
Garnieren

- Den Ingwer schälen und fein hacken.
Den halben Apfel würfeln.
- Im Mixer den Cranberry- und
Limettensaft mit den Apfelstücken,
Heidelbeeren, dem Honig und
Ingwer pürieren.
- Den Cocktail in einem Glas mit
zerstoßenem Eis anrichten und mit
einer Scheibe Sternfrucht garnieren.

ENTSPANNUNG

Zutaten
1 Banane
½ Gurke
Saft von ½ Limette
250 ml Cranberry-
saft
1 TL brauner
Zucker

- Die Gurke und die Banane schälen
und in Scheiben schneiden.
- Im Mixer den Cranberry- und
Zitronensaft mit den Bananen- und
Gurkenscheiben und dem Zucker
pürieren.
- Den Cocktail in einem Glas mit
zerstoßenem Eis anrichten.

RUHE

Zutaten
500 ml Wasser
1 Beutel
Eisenkrauttee
(Verbene)
1 Beutel Kamil-
lentee
1 TL brauner
Zucker
Saft von ½ Limette
Minzeblättchen
1 Limettenscheibe
zum Garnieren

- Die Teebeutel mit 500 ml siedendem Wasser aufbrühen und ziehen
lassen. Den Tee ohne die Beutel
30 Minuten kalt stellen.
- Im Mixer Tee, Limettensaft, Minzeblättchen und Zucker pürieren.
- Den Cocktail in einem Glas mit
zerstoßenem Eis anrichten und
mit Minzeblättchen und einer
Limettenscheibe garnieren.

Avocadosalat
mit Scampi und Birne

Die Zutaten für dieses Rezept ergänzen sich bestens.
Alle zusammen liefern reichlich Vitamin A, C, E und B, Eisen,
Phosphor, Magnesium, Zink und ungesättigte Fettsäuren.

Zutaten
Für 4 Portionen

20 gekochte Scampi ohne
Schalen
2 sehr reife Avocados
100 g Kopfsalat
2 sehr reife Birnen
1 EL Zitronensaft
2 EL Walnussöl
Balsamico-Creme
Meersalz, Pfeffer

Vom Kopfsalat einige Blätter abzupfen, unter fließendem Wasser waschen und gut abtropfen lassen. Die Blattrippen herausschneiden. Die Blätter locker aufeinanderlegen, einrollen und in ca. 1 cm breite Streifen schneiden.

Die Avocados halbieren und entkernen. Das Fruchtfleisch auslösen, in gleichmäßige Würfel schneiden, mit Zitronensaft beträufeln, damit sie nicht schwarz werden, und kalt stellen. Die Birnen waschen, schälen, fein würfeln und ebenfalls mit Zitronensaft beträufeln.

Die Salatstreifen in eine Salatschüssel legen. Die Avocado- und Birnenwürfel sowie die Scampi darauf anrichten und mit einer Prise Pfeffer, Meersalz, dem Walnussöl und etwas Balsamico-Creme würzen.

GUT ZU WISSEN Abgesehen von seinem Duft und Aroma ist Walnussöl wegen seines hohen Gehalts an Vitamin E und Omega-3-Fettsäuren für die Ernährung sehr wertvoll. Am besten eignet sich naturreines kaltgepresstes Öl in Bioqualität.

TIPP Kopfsalat wird selbst von empfindlichen Mägen meist gut vertragen. Schneiden Sie ihn klein und beschränken Sie sich auf geringe Mengen. In Streifen geschnitten, ist er bekömmlicher.

Quinoa-Taboulé mit Erbsen

Quinoa ist reich an hochwertigem Protein, komplexen Kohlenhydraten und Mikronährstoffen, vor allem Eisen, Kupfer und Magnesium. All das macht den »Weizen der Inka« so gesund.

Zutaten
Für 4 Portionen

200 g Quinoa
100 g grüne Erbsen
100 g Schafskäse
2 EL Walnussöl
Saft von 1 Zitrone
3 Stängel Petersilie
1 Stängel Koriander
½ Bund Schnittlauch
Minzeblättchen
Salz, Pfeffer

Die Quinoa in einem Sieb unter fließendem Wasser waschen, mit der doppelten Menge Wasser in einen Topf geben und zum Kochen bringen. 15 Minuten weich kochen und anschließend noch ein paar Minuten ausquellen und abkühlen lassen.

Einen Topf mit Wasser zum Kochen bringen und die Erbsen darin 5 Minuten blanchieren. Die Erbsen abgießen, mit kaltem Wasser abschrecken und in einem Sieb abtropfen lassen.

Den Schafskäse in kleine Würfel schneiden. Die Kräuter sorgfältig waschen und fein wiegen.

In einer Salatschüssel die Erbsen mit den Kräutern, dem Zitronensaft und dem Walnussöl vermengen. Mit Salz und Pfeffer würzen, die erkaltete Quinoa unterheben. Den Salat mit den Käsewürfeln bestreuen und bei Bedarf nachwürzen.

GUT ZU WISSEN Quinoa besteht zu 70 % aus Kohlenhydraten und gehört deshalb zu den stärkehaltigen Nahrungsmitteln. Im Gegensatz zu Getreide ist sie jedoch reich an hochwertigem Protein und enthält neben Soja als einziges pflanzliches Nahrungsmittel sämtliche essenziellen Aminosäuren. Quinoa ist außerdem glutenfrei.

TIPP Quinoa bleibt auch nach dem Garen angenehm bissfest und in Kombination mit den Erbsen wunderbar knackig. Falls Sie es lieber etwas zarter mögen, ersetzen Sie die Erbsen durch Avocado.

Flans aus gelben Zucchini

Zucchini gehören zu den bekömmlichsten Gemüsen, allerdings nur geschält und entkernt. Ihre wasserlöslichen Ballaststoffe sind besonders schonend für den Darm. Noch zarter werden sie bei etwas längerer Garzeit.

Zutaten
Für 4 Portionen

800 g gelbe Zucchini
100 g Quark (0,2 % oder
20 % Fett i. Tr.)
70 g geriebener Emmentaler
2 Eier
1 Prise Muskatnuss
1 Stich Butter
Salz, Pfeffer

Die Zucchini schälen, entkernen, gar dämpfen und vorsichtig abtropfen lassen. Anschließend im Mixer pürieren.

In einer Schüssel die Zucchini mit Quark, Eiern, Käse und Muskatnuss vermengen. Leicht salzen und pfeffern.

Eine feuerfeste Form mit Butter einfetten, mit der Masse füllen und im Backofen bei 200 °C ca. 20 Minuten backen.

GUT ZU WISSEN Dämpfen ist die ideale Garmethode für Nahrungsmittel, die leicht verdaulich sein und dennoch Aroma, Farbe und einen Großteil ihrer Mikronährstoffe bewahren sollen.

TIPP Ebenso gut verträglich wie Zucchini sind auch geschälte und entkernte Auberginen. Wandeln Sie dieses Rezept einfach ab, indem Sie die Zucchini durch eine Aubergine ersetzen oder beides kombinieren.

Kürbis-Maronen-Suppe

Das milde Süppchen schmeckt besonders fein in der kalten Jahreszeit. Wenn es draußen richtig ungemütlich wird, wärmt es von innen und liefert reichlich Vitamine. Kürbisse enthalten von Natur aus gut verträgliche Ballaststoffe, die den Darm nicht reizen. Durchgegart und möglichst püriert sind sie sehr bekömmlich.

Zutaten
Für 4 Portionen

800 g Kürbis
2 Karotten
1 Würfel Geflügelbrühe
12 frische oder vorgekochte Maronen plus Stückchen zum Garnieren
1 TL Olivenöl
1 EL Crème légère
Salz, Pfeffer

Die frischen Maronen 15 Minuten in Wasser kochen und schälen. Den Kürbis schälen und die Kerne mit einem Löffel herauskratzen. Die Karotten waschen und schälen. Kürbis und Karotten in kleine Würfel schneiden.

In einer Pfanne den Kürbis, die Maronen und Karotten 5 Minuten in Olivenöl anbraten. Wasser angießen, den Brühwürfel zerbröseln und hinzufügen. Abgedeckt rund 30 Minuten kochen lassen.

Das Gemüse pürieren, die Crème légère unterziehen, mit Salz und Pfeffer abschmecken und mit den Maronenstückchen garniert servieren.

GUT ZU WISSEN Kürbis ist ein natürliches Mittel gegen Verstopfung, denn die anregende Wirkung seiner Ballaststoffe auf die Darmpassage wird noch durch den Mehrfachzucker Mannitol verstärkt, der leicht abführend wirkt.

TIPP Falls Sie Crème fraîche selbst in der fettarmen Variante schlecht vertragen, tauschen Sie sie gegen Mandelmilch oder Sojacreme aus. Beide sind rein pflanzlich und besser verdaulich, weil sie weniger Fett und gar kein Cholesterin enthalten.

Feldsalat mit Roter Bete
und wachsweichem Ei

Dieser Salat ist perfekt als fröhlich bunte, leichte Vorspeise und in Nullkommanichts angerichtet. Die zarten Blätter des Feldsalats (auch Rapunzelsalat genannt) sind ausgesprochen bekömmlich. Feldsalat und Rote Beten enthalten reichlich die Vitamin C, E und Betacarotin (Provitamin A), die als Antioxidanzien der Zellalterung entgegenwirken und so Herz-Kreislauf-Erkrankungen und bestimmten Krebserkrankungen vorbeugen.

Zutaten
Für 4 Portionen

200 g Feldsalat
1 gekochte Rote Bete
4 Eier
1 TL Senf
1 EL Sherry-Essig
1 EL Rapsöl
1 EL Walnussöl
Salz, Pfeffer

Aus den Ölen, Essig, Senf, Salz und Pfeffer eine Vinaigrette anrühren und beiseitestellen.

Den Feldsalat gründlich waschen und vorsichtig trockenschleudern. Die Rote Bete in gleich große Würfel schneiden.

Den Feldsalat in einer Salatschüssel mit der Roten Bete mischen und mit Vinaigrette anmachen.

In einem Topf Wasser mit einem Spritzer Essig zum Kochen bringen. Die Eier vorsichtig hineingleiten lassen und 7 Minuten kochen. Die Eier unter fließend kaltem Wasser abschrecken, pellen, längs halbieren und auf dem Salat anrichten.

GUT ZU WISSEN Eier enthalten viel hochwertiges Protein, Bio-Eier zudem gute Fettsäuren (Omega-3). Am bekömmlichsten sind sie, wenn das Eiweiß fest und das Eigelb noch flüssig ist.

TIPP Eine gute Ergänzung zum Feldsalat sind ein paar Walnüsse. Sie sind reich an Vitamin E, enthalten Omega-6- und -3-Fettsäuren in optimal ausgewogenem Verhältnis und bilden deshalb das gesunde i-Tüpfelchen auf dem leckeren Salat.

Karotten-Kokos-Gazpacho
mit Koriander

Normalerweise verwendet man für Gazpacho mediterrane Gemüsesorten wie Tomaten, Paprika, Knoblauch und Zwiebeln, doch die verträgt nicht jeder. Meine Version dieses Klassikers enthält stattdessen Karotten und Kokosmilch, die erheblich leichter verdaulich sind.

Zutaten
Für 4 Portionen

500 g Karotten
300 ml Kokosmilch
1 Bund Koriander
1 Prise Ingwerpulver
1 l Wasser
2 Walnüsse
Salz, Pfeffer

Die Karotten waschen, schälen und in Scheiben schneiden.

Die Karottenscheiben 30 Minuten bei mittlerer Hitze in siedendem Salzwasser kochen. Nach Ablauf der Garzeit abseits vom Herd Kokosmilch, Ingwer, Salz und Pfeffer einrühren und alles im Mixer pürieren.

Die Suppe abkühlen lassen und 2 Stunden kalt stellen. Den Koriander hacken und beiseitestellen.

Die Suppe in Portionsgläser füllen. Mit Koriander und je einer Walnusshälfte garniert servieren.

GUT ZU WISSEN Karotten sind nicht nur leicht verdaulich und bekömmlich, sondern obendrein äußerst gesund, denn sie sind reich an Betacarotin, das als starker Radikalenfänger den Alterungsprozess verlangsamt und vor Herz-Kreislauf-Erkrankungen sowie bestimmten Krebsarten schützt.

TIPP Um die Karotinoide noch besser verwerten zu können, sollte man Karotten immer mit ein wenig Fett verzehren – beispielsweise einer Handvoll Walnüsse.

Auf den folgenden Seiten stelle ich Ihnen köstliche, leichte Hauptgerichte vor, die unter Ernährungsgesichtspunkten viel zu bieten haben und vor allem ausgesprochen leicht verdaulich und bekömmlich sind.

Im Wesentlichen handelt es sich um:

- **Gerichte mit Fisch und magerem Fleisch,** die wenig Fett, dafür aber hochwertige Proteine enthalten und dem Magen-Darm-Trakt kaum Probleme bereiten;

- **Gemüsegerichte** mit vielen gut verträglichen Ballaststoffen, die den Darm nicht reizen und deshalb auch empfindlichen Essern bekommen;

- **Gerichte ohne Fettzugabe oder mit sehr geringen Mengen Pflanzenfetten,** die für die Ernährung wertvoller und leichter verdaulich sind als tierische Fette;

- **mild-aromatische Gerichte** mit unaufdringlichen, gesunden Gewürzen, die den Verdauungstrakt nicht belasten.

Oft heißt es, Gewürze seien Stressfaktoren für Magen und Darm. Dabei dienen sie durchaus zur Vorbeugung und Behandlung von Verdauungsstörungen. Wer regelmäßig Fenchelsamen, Koriander, Kreuzkümmel, Kardamom oder frischen Ingwer isst, unterstützt damit sein Verdauungssystem nachhaltig. Durch die Kombination mit Küchenkräutern werden Gewürze geschmacklich noch interessanter und für den Organismus leichter verwertbar.

Gerade weil Kräuter und Gewürze so schmackhaft, gesund und abwechslungsreich sind, empfehle ich, für die verschiedensten Gerichte ihr ganzes Spektrum zu nutzen und sie nach Lust und Laune zu kombinieren. Schauen Sie einfach, was Ihnen schmeckt und bekommt!

Die meisten dieser Rezepte sind nicht an bestimmte Jahreszeiten gebunden. Wählen Sie frische, regionale Produkte, die gerade Saison haben. Auch tiefgekühlte Ware hat durchaus ihren Wert, denn anders als man meinen könnte, verliert sie ihre guten Eigenschaften beim Einfrieren nicht. Achten Sie bei Tierprodukten darauf, dass sie aus artgerechter Haltung, umwelt-, ressourcen- und klimaschonender Produktion bzw. aus nachhaltigem Fischfang stammen, denn dann kommen Ihnen nicht nur die gesunden Omega-3-Fettsäuren zugute, sondern Sie handeln auch verantwortungsvoll.

Zucchini mit Schafskäse
überbacken

Das duftet wie im Urlaub! Das mediterrane Gratin aus grünem Gemüse, Schafskäse, Pinienkernen, Olivenöl und frischen Kräutern bietet alles, was die Mittelmeerküche so kostbar macht. Mit ihrer Fülle an Vitaminen, Mineralien, Ballaststoffen und guten Fetten ist sie der Inbegriff einer rundum gesunden Ernährungsweise.

Zutaten
Für 4 Portionen

2 große Zucchini
200 g Schafskäse
30 g geriebener Parmesan
2 Eier
2 EL Pinienkerne
1 EL Olivenöl
Einige Basilikumblättchen
Salz, Pfeffer

Die Zucchini waschen, in Scheiben schneiden und in einer Pfanne in wenig Olivenöl anbraten. Das Basilikum dazugeben. Den Schafskäse pürieren und beiseitestellen. Die Eier mit einer Gabel verschlagen und mit wenig Salz und Pfeffer würzen. Die Zucchini in einer Schüssel mit dem Schafskäse und den Eiern vermengen.

Eine feuerfeste Form leicht mit Öl einfetten (oder eine Silikonform ohne Fett verwenden), die Masse hineingeben und 20 Minuten bei 180 °C backen.

Das fest gewordene Gratin mit Parmesan und Pinienkernen bestreuen und nochmals 5 Minuten goldgelb überbacken.

GUT ZU WISSEN Schafskäse ist für unsere Ernährung wertvoll, denn er enthält viele Mineralien, darunter vor allem Phosphor und Kalzium (die wir für Aufbau und Erneuerung unserer Knochen benötigen) sowie reichlich Vitamin A und B, Omega-3-Fettsäuren und hochwertiges Protein. Aufgrund der langen Reifezeit sind die meisten Schafskäsesorten laktosefrei. Sie werden übrigens auch von Menschen, die auf Gluten oder Zucker empfindlich reagieren, oft gut vertragen.

TIPP Wenn Sie das Olivenöl durch Rapsöl ersetzen, liefert das Gericht noch mehr Omega-3-Fettsäuren.

Meeresfrüchtespieße
mit Gemüsepüree

Ein sehr feines, leichtes Gericht. Seeteufel und Meeresfrüchte sind ausgesprochen fettarm, dafür aber reich an leicht bekömmlichen hochwertigen Proteinen, die der Körper gut verwerten kann. Meeresfrüchte liefern uns zudem viele Mineralien und Spurenelemente wie Selen, Kalium, Jod und Phosphor.

Zutaten
Für 4 Portionen

Für die Spieße
300 g Seeteufel
200 g Jakobsmuscheln
200 g große Scampi
Saft von 2 Zitronen
1 EL Olivenöl
Kräuter der Provence
Meersalz, Pfeffer

Für das Gemüsepüree
500 g grüne Bohnen
500 g Karotten
1 TL Margarine
Salz, Pfeffer

Den Seeteufel in Würfel schneiden. Seeteufel, Scampi und Jakobsmuscheln mit Zitronensaft und Olivenöl beträufeln und mit Kräutern der Provence, Meersalz und Pfeffer würzen.

Die Fischwürfel, Scampi und Jakobsmuscheln abwechselnd auf lange Spieße fädeln und auf einem Holzkohlengrill, unter dem Salamander oder im Backofen grillen.

Die Karotten waschen, schälen und klein schneiden. Die grünen Bohnen putzen. Das Gemüse dämpfen, gut abtropfen lassen und im Mixer pürieren. Das Püree mit einem Teelöffel Margarine geschmeidiger machen und abschmecken.

GUT ZU WISSEN Weißfische und Meeresfrüchte sind wertvolle Bestandteile unserer Ernährung. Sie liefern reichlich Proteine, jedoch wenig Fett und sind deshalb leicht verdaulich und kalorienarm. Um ihre Vorzüge rundum zu nutzen, kaufen Sie Fisch immer aus nachhaltigem Fang, der Jahreszeit entsprechend frisch oder tiefgekühlt.

TIPP Dieses Rezept können Sie mit Gewürzen variieren. Fenchelsamen, Kreuzkümmel, Koriander, Kardamom und frischer Ingwer bringen abwechslungsreiche Geschmacksnuancen auf den Teller und sind für ihre exzellente Wirkung auf den Verdauungstrakt bekannt.

Kabeljau in Kokossauce
mit Kartoffeln

Mild aromatischer Kabeljau zergeht einfach auf der Zunge und weckt Erinnerungen an herrliche Tage am Meer. Das lecker-leichte Gericht mit der sanften Würze von Ingwer, Limette, Koriander und Zitronenmelisse ist im Großen und Ganzen gut verträglich und fördert die Verdauung.

Zutaten
Für 4 Portionen

400 g neue Kartoffeln
4 Kabeljaufilets zu je 100 g
4 Kaffernlimettenblätter
500 ml Kokosmilch
1 Stück frischer Ingwer
1 Limette
1 EL Fischsauce
(Nuoc Mam)
1 EL gemahlener Koriander
1 Stängel Zitronenmelisse
Koriandergrün zum Garnieren

Die Limette pressen, die Zitronenmelisse hacken, den Ingwer reiben und die Kaffernlimettenblätter zerkleinern.

Die Kartoffeln mit Schale 15 Minuten in Wasser kochen, längs halbieren und beiseitestellen.

In einer Brat- oder Wokpfanne die Kokosmilch mit den Gewürzen, dem Limettensaft, der Zitronenmelisse und der Fischsauce verrühren und bei schwacher Hitze 10 Minuten köcheln. Den Kabeljau dazugeben und etwa 10 Minuten behutsam ziehen lassen.

Den Fisch mit der Sauce und den Kartoffelhälften anrichten und mit dem gehackten Koriander garniert servieren.

GUT ZU WISSEN Kokosmilch ist eine gute Alternative zu Kuhmilch oder Sahne und verleiht Speisen eine milde Sämigkeit, ohne die Verdauungsorgane zu belasten. Sie ist allerdings sehr fett und sollte in Maßen verwendet werden.

TIPP Kartoffeln enthalten wenige Ballaststoffe, sind aber trotzdem manchmal schwer verdaulich. Bekömmlicher sind zartfleischige Sorten, die man gut durchgaren und vor dem Verzehr ggf. pellen sollte. Hilft das alles nichts, nehmen Sie stattdessen einfach leckeren Kürbis!

Lachs-Spinat-Quiche

Dank einer Fülle von Provitamin A, Vitamin C und vielen weiteren zellschützenden Stoffen weist Spinat von allen Gemüsen den höchsten Gehalt an Antioxidanzien auf. Außerdem enthält er viele bekömmliche Ballaststoffe, die den Darm nicht reizen und die Verdauung anregen.

Zutaten
Für 4 Portionen

1 Portion Mürbeteig
500 g Spinat, frisch oder tiefgekühlt
300 g frischen Lachs
400 ml fettarme Sojacreme
4 Eier
1 EL Olivenöl
Salz, Pfeffer

Den Lachs dämpfen, bis er gut durchgegart ist. Die Spinatblätter von den Rippen befreien, sorgfältig waschen und gut abtropfen lassen. Das Olivenöl in einem Topf erhitzen. Den Spinat hineingeben und zusammenfallen lassen, bis keine Flüssigkeit mehr austritt.

In einer Schüssel die Eier mit der Sojacreme verquirlen, salzen und pfeffern. Den Spinat abtropfen lassen, hacken und zur Eiermasse geben. Alles vorsichtig vermengen.

Den Lachs in größere Stücke zerteilen und unter die Ei-Spinat-Masse heben.

Eine Quiche- oder Springform mit dem Teig belegen und die Masse einfüllen. Bei 180 °C ca. 45 Minuten backen. Vorsichtig aus der Form nehmen und lauwarm oder kalt genießen.

GUT ZU WISSEN Lachs ist ein Fettfisch und reich an vollwertigen Proteinen, Vitamin A, B und D, Spurenelementen und vor allem Omega-3-Fettsäuren, die Herz und Kreislauf schützen. Empfohlen wird deshalb, zweimal in der Woche Lachs zu essen.

TIPP Mürbeteig ist nicht so fett wie Blätterteig. Falls Sie ihn selbst herstellen, ersetzen Sie die Butter durch die halbe Menge Joghurt.

Seeteufelmedaillons
mit Zucchini-Tagliatelle

Zucchini gehören zu den darmfreundlichsten Gemüsen. Seeteufel ist ein magerer Fisch und fettarm zubereitet auch sehr bekömmlich. Olivenöl, Rosmarin und Balsamessig unterstreichen die Aromen beider Hauptzutaten, ohne ihren Geschmack zu übertönen.

Zutaten
Für 4 Portionen

1 Seeteufelfilet (600 g)
2 Zucchini
2 EL Balsamessig
1 EL + 1 Schuss Olivenöl
1 Zweig Rosmarin
Meersalz, Pfeffer

Den Balsamessig in einem Topf aufsetzen und bei schwacher Hitze auf die Hälfte einköcheln lassen, abseits vom Herd mit dem Öl verrühren und beiseitestellen.

Die Rosmarinnadeln vom Stängel streifen. Die Zucchini waschen, abtrocknen und mit einem Sparschäler in feine, lange Streifen schneiden, die an Bandnudeln erinnern.

Einen Topf mit Salzwasser zum Kochen bringen und die Zucchinistreifen darin 1 Minute blanchieren. Mit eiskaltem Wasser abschrecken und in einem Sieb abtropfen lassen. Das Seeteufelfilet in Stücke teilen, salzen und pfeffern.

In einem Topf einen Schuss Olivenöl erhitzen, die Seeteufelstücke hineinlegen und mit etwas Wasser benetzen. Die Zucchini-Tagliatelle hinzufügen und alles ein paar Minuten ziehen lassen, bis der Fisch weiß ist. Mit einem Schaumlöffel die Medaillons aus dem Topf heben.

Die Zucchini auf Teller geben und die Fischmedaillons darauf anrichten, mit der Balsamico-Reduktion beträufeln und mit Rosmarin bestreuen.

TIPP Thymian, Rosmarin, Oregano, Basilikum, Minze & Co. sind immer eine Bereicherung. Abgesehen von ihrem aparten Geschmack und Duft haben sie viel Chlorophyll und Vitamine zu bieten, die antioxidativ wirken. Damit sie ihre Mikronährstoffe, Aromen und Farben behalten, fügt man sie erst gegen Ende der Garzeit hinzu.

Putenspieße
mit frischer Ananas

Geflügel ist proteinreich und dabei fettarm, vor allem, wenn man die Haut weglässt. Die Qualität hängt allerdings unmittelbar von der Tierhaltung und -verarbeitung ab. Achten Sie darauf, woher das Fleisch stammt, und geben Sie artgerechter Freilandhaltung und Bioerzeugern den Vorzug. Sie tun damit sich selbst und der Natur etwas Gutes.

Zutaten
Für 4 Portionen

4 Putenbrustfilets
1 kleine Ananas
200 ml Sojamilch
3 EL Sonnenblumenöl
1 TL gemahlener Kreuzkümmel
1 TL Maisstärke
1 TL Currypaste
1 TL Satay-Gewürzmischung
1 Bund Koriander
4 Knoblauchzehen, gehackt
Saft von 1 Limette
Salz, Pfeffer

Die Ananas schälen, den Strunk auslösen und das Fruchtfleisch in ca. 2 x 2 cm große Würfel schneiden. Den Koriander hacken und beiseitestellen. Die Putenfilets in nicht zu kleine Würfel schneiden und diese abwechselnd mit den Ananaswürfeln auf Holzspieße auffädeln. Die Spieße salzen, pfeffern und auf einem Teller beiseitestellen.

In einer Schüssel die Sojamilch mit Öl, Satay-Gewürz, Curry, Kreuzkümmel, Limettensaft und gehacktem Knoblauch verrühren, salzen, pfeffern und gründlich mischen.

Die Spieße mit der Marinade begießen und 1 Stunde im Kühlschrank durchziehen lassen, dann die Marinade abgießen, aber auffangen.

Den Backofen vorheizen. Die Spieße in eine Grillschale legen und auf der obersten Schiene des Ofens ca. 10 Minuten grillen. Nach der Hälfte der Garzeit wenden. In der Zwischenzeit die Maisstärke zur Marinade geben und mit dem Schneebesen unterziehen. Die Sauce in einem Topf erhitzen und unter ständigem Rühren mit dem Schneebesen andicken lassen. Vom Herd nehmen. Die Spieße aus dem Ofen holen, auf einer Platte anrichten, mit der Sauce überziehen und mit Koriander bestreuen.

GUT ZU WISSEN Ananas enthält wasserunlösliche Ballaststoffe, die sich günstig auf die Verdauung auswirken. Ein weiterer Inhaltsstoff ist das Enzym Bromelain, das die Eiweißverdauung fördert und so Verdauungsstörungen und Sodbrennen vorbeugt.

Kaninchen in milder Senfsauce

Ein Klassiker im neuen Gewand: Die gewohnte Crème fraîche wird in diesem Rezept durch Quark ersetzt, der das Gericht leichter macht. Quark ist fett- und kalorienärmer und bekömmlicher als Sahne.

Zutaten
Für 4 Portionen

4 Kaninchenteile
2 EL Quark (0,2 % oder
20 % Fett i. Tr.)
2 EL milder Senf
1 EL Rosmarin
Quatre-Épices
(»Viergewürz« aus Nelken,
Muskat, Pfeffer und Zimt)
2 Lorbeerblätter
Salz, Pfeffer

Den Backofen auf 210 °C vorheizen.

In einer Schüssel den Quark mit Senf, Rosmarin, Lorbeer und den Quatre-Épices verrühren und mit wenig Salz und Pfeffer abschmecken.

Die Kaninchenteile mit dieser Masse bestreichen. Den Rest als Sauce beiseitestellen.

Die Kaninchenteile locker in Backpapier wickeln und in eine feuerfeste Form legen. Rund 35 Minuten im Ofen garen.

Die Päckchen aus dem Ofen nehmen, auf Teller legen und vorsichtig öffnen. Die Kaninchenteile mit der restlichen Sauce bestreichen.

GUT ZU WISSEN In kleinen Mengen fördert Senf die Verdauung, weil er die Bildung von Magensaft anregt. Das gilt allerdings nur für milden Senf, denn scharfe oder grobkörnige Sorten reizen den Darm. Vor allem die kleinen Körnchen machen ihm zu schaffen.

TIPP Als Beilage zu diesem Gericht passen sehr gut gedünstete Karotten. Sie sind gegart leicht verdaulich und liefern jede Menge Karotinoide, die antioxidativ wirken. Schon 200 g pro Person decken drei Viertel des täglichen Bedarfs an Karotinoiden!

Hähnchen
mit Minze-Ingwer-Sauce

Fettfrei zubereitetes Hähnchen und eine bunte Mischung gut verträglicher Gemüsesorten ergeben eine leichte, ausgewogene Mahlzeit, die wenig Mühe macht und figurfreundlich ist. Zum Sattwerden passt dazu ein stärkehaltiges Nahrungsmittel wie Kartoffelpüree oder weißer Reis.

Zutaten
Für 6 Portionen

8 Hähnchenteile ohne Haut
150 g Kürbis
1 Lauchstange (nur weiße Teile)
1 lila Karotte
1 Mairübchen
1 Zwiebel
30 g frischer Ingwer
1 Würfel Geflügelbrühe
1 Bund Minze
1 EL brauner Zucker
1 Spritzer Zitronensaft
Salz, Pfeffer

Die Minze waschen und fein wiegen. Die Zwiebeln und den Ingwer schälen und klein schneiden. Alles in einer Rührschüssel vermengen, mit Salz, Zucker und einem Spritzer Zitronensaft würzen und glattpürieren. Kalt stellen.

Die Hähnchenteile in einem Schmortopf mit Wasser bedeckt aufsetzen und den Brühwürfel hinzufügen. Das Wasser zum Kochen bringen und die Hähnchenteile darin 30 Minuten bei schwacher Hitze garen. Mairübchen, Kürbis und Karotte schälen und in Stücke schneiden. Den Lauch in 2–3 cm lange Stücke schneiden.

Nach 30 Minuten Garzeit das Gemüse zum Hähnchen in den Topf geben und ein paar Minuten mitkochen, bis es gerade bissfest ist.

Hähnchen und Gemüse heiß servieren, dazu separat in einem Schälchen die kalte Minze-Ingwer-Sauce reichen.

GUT ZU WISSEN Ingwer fördert die Verdauung, regt den Appetit an, lindert Bauchschmerzen, Blähungen und Übelkeit und hilft gegen Reisekrankheit.

TIPP Frische Minze gibt es vor allem im Sommer. Um das ganze Jahr über immer etwas zur Hand zu haben, frieren Sie die gehackten Blättchen einfach in kleinen Beuteln ein. Die Kälte kann weder dem Aroma noch den verdauungsfördernden Eigenschaften von Küchenkräutern etwas anhaben.

Gedünsteter Fenchel
mit Orangensaft

Fenchel ist roh und knackig genauso schmackhaft wie gedünstet
und lässt sich auf tausenderlei Weise zubereiten. Sein feines Anisaroma
passt ausgezeichnet zu Geflügel, aber auch zu Fisch.
Die Kombination mit Dill und Kreuzkümmel verleiht diesem Gericht einen
Hauch von Exotik. Der Orangensaft sorgt für milde Säure.

Zutaten
Für 4 Portionen

4 Fenchelknollen
200 ml Orangensaft,
frisch gepresst
3 EL Olivenöl
1 EL Kreuzkümmelsamen
1 EL Dill
Salz, Pfeffer

Die harten Außenblätter und Stängel sowie das Grün der
Fenchelknollen entfernen. Die Knollen putzen, in feine
Scheiben schneiden und beiseitestellen.

In einer großen Pfanne das Olivenöl erhitzen, den Fenchel
vorsichtig hineingeben und mit Salz, Dill und Kreuzkümmel würzen.

Abgedeckt bei mittlerer Stufe 10 Minuten dünsten, dabei
gelegentlich wenden.

Den Orangensaft durch ein Sieb zum Fenchel gießen. Etwas
Pfeffer dazugeben und nochmals einige Minuten weitergaren.

GUT ZU WISSEN Fenchel ist besonders reich an Vitaminen,
Mineralien und Spurenelementen wie Vitamin C, Betacarotin,
Folsäure, Kalium, Kalzium und Magnesium. Darüber hinaus
enthält er ätherische Öle, deren verdauungsfördernde Wirkung
seit alters her bekannt sind.

TIPP Sofern Sie Zitrusfrüchte gut vertragen, decken
Sie durch die Zugabe von Orangen oder Orangensaft
im Handumdrehen einen Gutteil Ihres Tagesbedarfs an
Vitamin C.

Karotten-Zucchini-Muffins

Ein kinderleichtes Rezept, das sich mühelos mit Ihrem
Lieblingsgemüse abwandeln lässt. Mit Karotten und Zucchini werden
die Muffins besonders appetitlich und farbenfroh.

Zutaten
Für 6 Portionen

2 Karotten
2 Zucchini
2 Eier
100 ml Sojamilch
100 ml Sojacreme
1 EL Olivenöl
30 g geriebener
Emmentaler
Salz, Pfeffer

Die Karotten und Zucchini waschen, schälen und raspeln.

Das Olivenöl in einer Pfanne stark erhitzen und das geraspelte Gemüse hineingeben.

Etwas Wasser angießen, das Gemüse umrühren und abgedeckt bei geringer Hitze 10 Minuten köcheln lassen.

Die Eier in einer Schüssel mit der Sojacreme und -milch verquirlen. Käse unterheben, mit Salz und Pfeffer würzen. Das Gemüse unter die Eiermasse heben.

Die Masse in 12 Muffinförmchen aus Silikon füllen und bei 180 °C ca. 30 Minuten backen. Heiß, lauwarm oder kalt servieren.

GUT ZU WISSEN Durch das Raspeln kann das Gemüse heißer gegart werden als sonst und ist deshalb leicht verdaulich. Außerdem entfaltet es dann einen herrlich aromatischen Duft.

TIPP Gehaltvoller werden die Küchlein, wenn Sie beispielsweise Schinkenwürfel, Thunfisch, Ziegenfrischkäse oder entsteinte Oliven unter die Masse heben.

Quinoa-Risotto mit Spargel

Dies ist eine ausgefallene Variante des klassischen Risottos.
Weißer, grüner und violetter Spargel ist frisch und tiefgekühlt ausgesprochen
gesund. Wie die meisten Gemüsesorten enthält er wenige Kalorien,
aber jede Menge Makro- und Mikronährstoffe.

Zutaten
Für 4 Portionen

200 g Quinoa
12 Stangen Spargel
3 EL Geflügelfond
1 EL geriebener Parmesan
1 EL Olivenöl
1 TL Margarine
Salz, Pfeffer

Die Spargelstangen waschen, schälen und in große Stücke
schneiden. Die Spargelabschnitte in reichlich Wasser blanchieren. Abgießen, dabei das Kochwasser auffangen.

Den Geflügelfond mit dem Spargelwasser verrühren.

Die Quinoa mit dem Olivenöl in einer beschichteten Pfanne
erhitzen und eine Kelle Geflügelfond angießen. Bei schwacher Hitze köcheln lassen. Mit Salz und Pfeffer würzen.

Sobald die Quinoa die Flüssigkeit aufgesaugt hat, die nächste
Kelle Brühe dazugeben. So fortfahren, bis die Körnchen gar
sind. Zum Schluss die Margarine und den geriebenen Parmesan unterheben, die Spargelstücke darauflegen.

Nochmals kurz durchwärmen und heiß servieren.

GUT ZU WISSEN Die im Spargel vorhandenen Ballaststoffe
sorgen für ein reibungsloses Funktionieren des Verdauungssys-
tems. Die in den Köpfen enthaltenen Pektine und Schleimstoffe
und die Zellulose der Stangen beschleunigen die Darmpassage.
Deshalb kann man mit Spargel auf sanfte Weise Darmträgheit
und Verstopfung bekämpfen, ohne die Schleimhäute zu reizen.

TIPP Veganer lassen bei diesem Rezept einfach den
Parmesan weg und ersetzen den Geflügelfond durch
Gemüsebrühe.

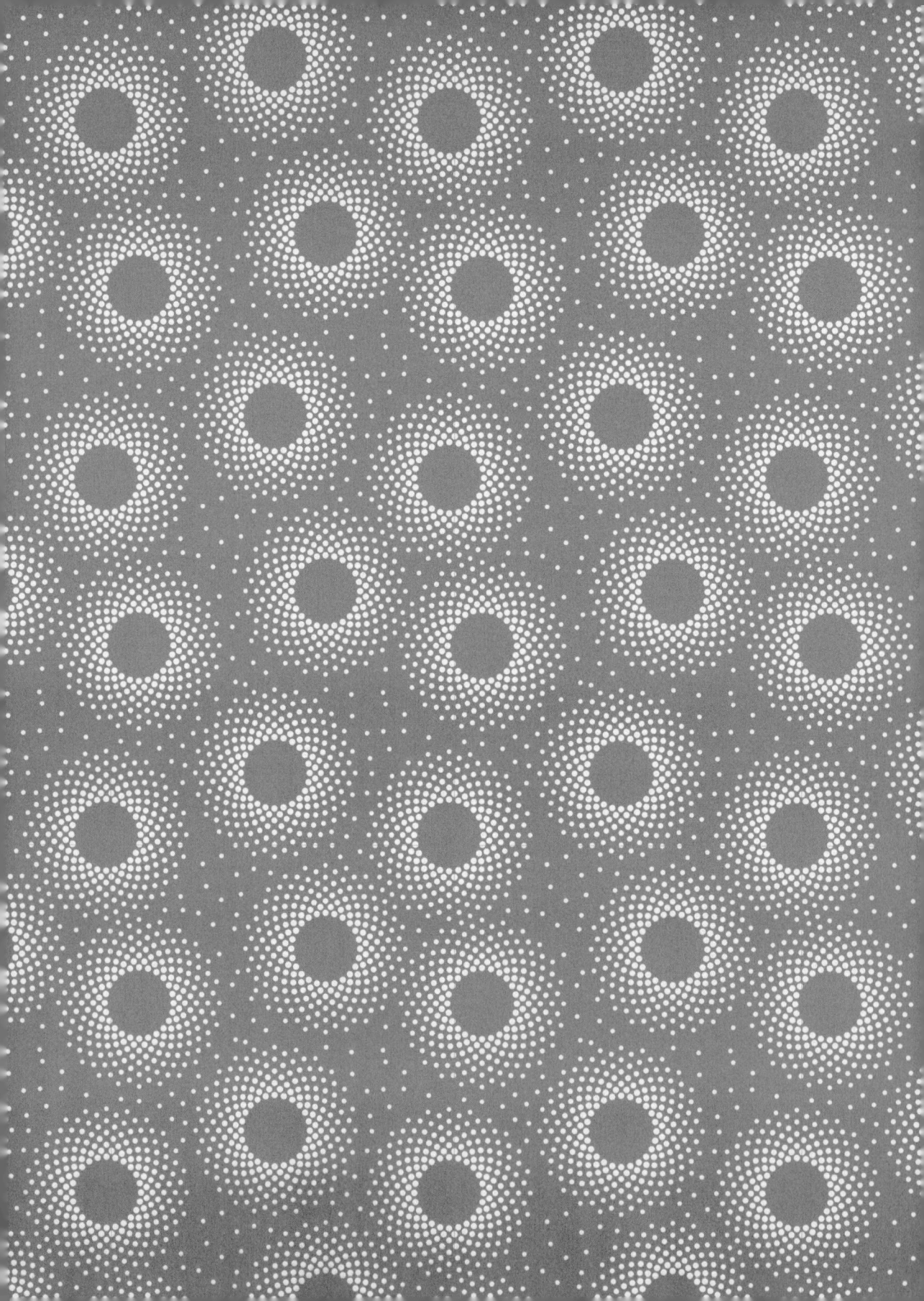

Desserts

Eine Süßspeise sollte appetitlich aussehen und schmecken, sie kann zugleich sogar kalorienarm und gesund sein! Mit den nachfolgenden Tipps und Rezepten ist das ganz leicht:

• Desserts aus Obst sind farbenfroh und lassen sich nach Lust und Laune, Saison und Speisekammer mühelos abwandeln. Für die Ernährung sind sie wertvoll, weil sie reichlich Ballaststoffe, Vitamine und Mineralien enthalten. Sie sind kalorienarm, erfrischend und überwiegend leicht verdaulich. Welche Obstsorten infrage kommen, hängt allerdings von der individuellen Verträglichkeit ab. Geschält, entkernt und gegart sind die meisten bekömmlicher als roh und mit Schale. Äpfel, Birnen, Pfirsiche, Quitten und Bananen bereiten wegen der speziellen Zusammensetzung ihrer Ballaststoffe den wenigsten Menschen Probleme.

• Bei einigen Desserts habe ich gewöhnliche Sahne durch Pflanzencremes aus Mandeln oder Soja ersetzt, weil sie mehr Nährwerte und weniger Kalorien enthalten, vor allem aber leichter verdaulich sind.

• Bei Desserts, die traditionell mit Kuhmilch zubereitet werden, habe ich laktosefreie Pflanzenprodukte angegeben, und anstelle von Weizenmehl andere Mehlsorten, die glutenfrei sind und deshalb auch bei einer Glutenintoleranz problemlos vertragen werden.

• Bei einigen Desserts werden anstelle von Haushaltszucker unter anderem Honig, Agavendicksaft, Stevia und Kokosblütenzucker verwendet, die einen geringen glykämischen Index aufweisen und nachgewiesenermaßen gesünder sind als Raffinade.

Damit Ihre Eierkuchen, Plätzchen, Torten, Kuchen, Süßspeisen, Cremes und Kompotte künftig leichter und bekömmlicher sind, verringern Sie die Fett- und Zuckermengen, verwenden Sie hochwertige Zutaten, Pflanzenfette anstelle tierischer Fette, lieber natürliche als raffinierte Produkte und der Jahreszeit entsprechendes frisches oder tiefgekühltes Obst.

Pfirsichauflauf mit Eisenkraut

Dieser superschnelle Eierkuchen ist perfekt zum Nachtisch oder zur Kaffeestunde. Die Aromen von Pfirsichen und Eisenkraut (Verbene) ergänzen sich wunderbar zu einer duftenden, saftigen Köstlichkeit, die auf der Zunge zergeht.

Zutaten
Für 4 Portionen

300 g gelbe Pfirsiche
40 g Mehl
2 Eier
60 g brauner Zucker
½ Glas fettarme Milch
2 Stängel Eisenkraut
(Verbene)
1 Prise Salz

Den Backofen auf 180 °C vorheizen. Das Eisenkraut waschen. Die Blättchen abzupfen und hacken.

Die Eier aufschlagen und in einer Rührschüssel mit dem Zucker cremig rühren, bis die Masse weißlich wird. Eine Prise Salz zugeben.

Nach und nach das Mehl unterheben, dann unter ständigem Rühren die Milch angießen, bis ein glatter Teig entsteht. Das gehackte Eisenkraut unterheben.

Die Pfirsiche waschen, schälen und vierteln. Auf dem Boden einer Auflaufform Backpapier auslegen und die Pfirsiche darauf verteilen. Mit dem Teig bedecken.

25 Minuten im Backofen backen. Mit einer Messerspitze die Garprobe machen: Ist sie beim Herausziehen trocken, ist der Auflauf gar. Serviert wird er nach Belieben lauwarm oder abgekühlt.

GUT ZU WISSEN Genau wie Äpfel und Birnen sind auch Pfirsiche reich an milden Ballaststoffen (Zellulose) und deshalb besonders leicht verdaulich. Durch das Backen wird dieser Vorteil noch verstärkt. Probieren Sie das Rezept nach Belieben auch mit anderen Obstsorten aus.

TIPP Noch saftiger und aromatischer wird der Eierkuchen, wenn Sie die Milch durch Mandelmilch oder -sahne ersetzen und einen Esslöffel gemahlene Mandeln und eventuell einen Tropfen Bittermandelextrakt zum Teig geben.

Mandelmilchreis
mit Mangokompott

Ein Klassiker, hier einmal als vegane Variante.
Das exotische Aroma der Mango passt hervorragend zum cremigen
Mandelgeschmack. Das leuchtend gelbe Kompott bildet auf dem blassen Reis
einen appetitlichen Farbklecks. Eine unwiderstehliche Kombination!

Zutaten
Für 4 Portionen

600 ml ungesüßte
Mandelmilch
100 g weißer Rund-
kornreis
25 g brauner Zucker
1 TL Vanilleextrakt
1 Mango
1 Orange
1 EL Honig

Die Mandelmilch in einer Souffléform mit Vanilleextrakt, Reis und Zucker mischen und 40 Minuten bei 180 °C im Backofen backen.

Die gegarte Reismasse in vier Einzelförmchen umfüllen.

Den Reis auf Zimmertemperatur abkühlen und dann im Kühlschrank erstarren lassen.

Die Mango schälen, vorsichtig den Kern herauslösen und das Fruchtfleisch in Würfel schneiden. Die Orange schälen und in Stücke schneiden. Das Obst in einen Topf füllen und zusammen mit dem Honig ca. 10 Minuten bei schwacher Hitze köcheln lassen, grob pürieren und abkühlen lassen.

Zum Servieren auf jede Reisportion einen Klecks Kompott setzen.

GUT ZU WISSEN Da Reis von Natur aus glutenfrei ist und hier Kuhmilch durch Mandelmilch ersetzt wird, eignet sich diese Rezeptvariante bedenkenlos auch für alle, die kein Gluten oder keine Laktose vertragen.

TIPP Besonders apart sieht es aus, wenn Sie jede Portion mit einer Vanilleschote garnieren.

Gebackene Feigen
mit Zimthonig

Diese schlichte, fix zubereitete Süßspeise ist sehr gesund: Feigen enthalten reichlich Ballaststoffe und Mineralien, sie regen die Verdauung an und beschleunigen die Darmpassage. Der Honig unterstützt den Körper dabei, die Mineralien zu verwerten. Wegen ihrer leicht abführenden Wirkung werden Feigen und Honig gegen Darmträgheit und Verstopfung empfohlen.

Zutaten
Für 4 Portionen

8 sehr reife Feigen
8 TL Honig
40 g Butter
Zimtpulver

Den Backofen auf 200 °C vorheizen. Die Feigen waschen und von oben über Kreuz tief einschneiden.

Die Früchte mit der Öffnung nach oben nebeneinander auf Backpapier in eine feuerfeste Form legen.

In die Feigen je ein Butterflöckchen, 1 TL Honig und eine Prise Zimt geben. Die Früchte 12 Minuten backen.

Lauwarm servieren. Dazu passt eine Kugel Vanilleeis oder Birnensorbet.

GUT ZU WISSEN Feigen sind für ihre leicht abführende Wirkung bekannt. Diese beruht auf der Fülle an wasserunlöslichen Ballaststoffen, die vorwiegend in der Haut und in den Kernen von Feigen sitzen. Regelmäßig verzehrt, unterstützen Feigen eine geregelte Verdauung und verbessern die Darmpassage. Bei Menschen mit sehr sensiblem Darm kann ein übermäßiger Verzehr jedoch die Schleimhäute reizen.

TIPP Das Rezept ergibt abgewandelt auch eine leckere Vorspeise. Dazu richtet man die Feigen mit einem gemischten Salat und Ziegenfrischkäse an und beträufelt sie mit etwas Walnussöl und Balsamessig.

Schnee-Eier auf Beeren-Coulis

Eine leichte, farbenfrohe Leckerei, die bekömmlicher und gesünder als das Originalrezept ist, denn wir verwenden anstelle der klassischen Vanillesauce eine Coulis aus roten Früchten mit vielen Antioxidanzien.

Zutaten
Für 4 Portionen

250 g Erdbeeren, frisch oder tiefgekühlt
250 g Himbeeren, frisch oder tiefgekühlt
2 Eiweiße
50 g Puderzucker
50 g feinster Zucker
Saft von 1 Zitrone
1 Prise Salz
4 Minzeblättchen

Die Erdbeeren und Himbeeren waschen und putzen. Die Beeren mit dem Puderzucker und 100 ml Wasser in einem Topf aufkochen und 5 Minuten bei schwacher Hitze ziehen lassen. Die Früchte pürieren. Den Zitronensaft unterziehen und die Coulis durch ein Spitzsieb gießen. Ein paar Minuten abkühlen lassen und bis zum Servieren kalt stellen.

Wasser in einem großen Topf zum Kochen bringen. In der Zwischenzeit die Eiweiße mit einer Prise Salz zu Eischnee schlagen. Den Zucker erst einrieseln lassen, wenn der Schnee schon fest ist. Sobald das Wasser kocht, die Hitze herunterschalten.

Mit zwei Esslöffeln Nocken vom Eischnee abstechen und behutsam in das nur leicht siedende Wasser gleiten lassen. Die Nocken von jeder Seite 1 Minute gar ziehen lassen, mit einem Schaumlöffel herausheben und vorsichtig auf Küchenpapier legen.

Die Coulis in Dessertschälchen füllen und jeweils ein Schnee-Ei darauflegen. Mit Minzeblättchen garnieren und gut gekühlt servieren.

GUT ZU WISSEN Studien belegen, dass Beerenobst besonders viele Antioxidanzien liefert. Die Spitzenreiter sind Heidelbeeren, Brombeeren, Erdbeeren und Himbeeren.

TIPP Wenn es keine frischen Beeren mehr gibt, verwenden Sie tiefgekühlte. Sie sind nicht ganz so aromatisch wie frische, behalten aber auch gefroren ihre gesunden Eigenschaften.

Leichte Schokocreme

Ein schokoladiges Dessert darf in keiner Rezeptsammlung fehlen. Unseres ist so federleicht, dass Sie es ohne schlechtes Gewissen oder Angst vor unangenehmen Begleiterscheinungen genießen können. Die hochwertigen Zutaten, die ich für diese luftige Creme ausgewählt habe, sind von der Schokolade mit hohem Kakaoanteil über das glutenfreie Mehl und Stärkemehl und die Pflanzenmilch bis hin zum Honig allesamt leicht verdaulich.

Zutaten
Für 6 Portionen

50 g Schokolade mit 70 % Kakaoanteil
25 g Pfeilwurzelmehl (Arrowroot)
15 g Buchweizenmehl
450 ml Mandelmilch
30 g Akazienhonig
1 EL Kokosflocken oder gehackte Pistazien

Die Schokolade im Wasserbad oder in der Mikrowelle schmelzen und beiseitestellen.

Das Pfeilwurzel- und das Buchweizenmehl mit der Mandelmilch verrühren. Die Masse mit dem Honig in einen Topf geben und auf mittlerer Stufe erhitzen. Unter häufigem Rühren bis zur gewünschten Konsistenz andicken lassen. Die Masse in eine Rührschüssel füllen und die geschmolzene Schokolade unterziehen.

Die Creme in Dessertschälchen füllen und wahlweise mit Kokosflocken oder gehackten Pistazien garnieren. Vor dem Servieren mindestens eine Stunde kalt stellen.

GUT ZU WISSEN Pfeilwurzelmehl (Arrowroot) macht Speisen cremig und wirkt gegen Entzündungen, Übelkeit und Erbrechen. Es ist selbst für empfindliche Mägen sehr bekömmlich, glutenfrei und deshalb auch für Menschen mit Zöliakie die perfekte Wahl. In vielen Rezepten lässt sich Mehl problemlos durch Pfeilwurzelmehl ersetzen. Es ist ein stärkereiches, geruchloses Bindemittel, das zum Andicken von Flüssigkeiten dient, löst sich allerdings in pflanzlicher Milch besser auf als in tierischer. Man bindet damit Suppen, Pudding, Gebäck, Tortenböden und vieles mehr.

Apfel-Bananen-Quitten-Kompott

Das bei aller Einfachheit fabelhafte Kompott schmeckt kalt genauso köstlich wie lauwarm. Äpfel, Bananen und Quitten sind dank ihres hohen Pektingehalts leicht verdaulich und sehr gesund für Magen und Darm.

Zutaten
Für 4 Portionen

1 große Quitte
4 Äpfel
2 Bananen
Saft von 1 Zitrone
100 g brauner Zucker
1 TL natürliches Vanille-aroma
1 Prise Meersalz

Quitte und Äpfel waschen und schälen, Kerngehäuse entfernen. Das Fruchtfleisch würfeln und mit Zitronensaft beträufeln. Die Quitte in einem Topf mit Zucker, Vanillearoma und 2 Esslöffeln Wasser mischen und aufkochen. Eine Prise Meersalz zugeben, die Hitze herunterschalten und ohne Deckel ca. 10 Minuten weiterköcheln lassen.

Die Apfelstücke unterheben und abgedeckt bei schwacher Hitze nochmals rund 10 Minuten köcheln lassen. Das Obst sollte nicht bräunen oder am Topfboden ansetzen, sonst die Hitze nochmals reduzieren und etwas Wasser zugeben.

Die Bananen schälen, in Scheiben schneiden und mit in den Topf geben. Das Kompott weitergaren, bis es die gewünschte Konsistenz aufweist.

GUT ZU WISSEN Ich habe für dieses Rezept Früchte gewählt, die reich an Pektin sind. Der wasserlösliche Ballaststoff schont den Darm, erleichtert die Ausscheidung von Giftstoffen und reguliert die Darmpassage. Das Kompott eignet sich deshalb bestens auch zur Behandlung von Durchfall und den damit verbundenen Beschwerden.

TIPP Ein originelles i-Tüpfelchen bekommt das Kompott durch zerbröselte Spekulatius. Das klassische Weihnachtsgebäck verdankt sein unverwechselbares Aroma vielen Gewürzen (Anis, Zimt, Ingwer, Kardamom etc.) und einem besonderen Rübenzucker.

Kokospudding

Der feinwürzige Pudding wird mit glutenfreiem Reismehl
und laktosefreier Kokosmilch zubereitet. Ein wunderbar leichter,
bekömmlicher Nachtisch!

Zutaten
Für 4 Portionen

4 Eier
4 EL Reismehl
4 EL heller Rohrzucker
25 g Kokosflocken
400 ml Kokosmilch

Den Backofen auf 210 °C vorheizen. Die Kokosmilch langsam zum Kochen bringen.

Die Eier aufschlagen und in einer Schüssel mit dem Zucker cremig rühren.

Nach und nach das Reismehl und die Kokosflocken einrühren. Zum Schluss portionsweise die heiße Kokosmilch unterziehen.

In vier feuerfeste Puddingförmchen füllen und 20 Minuten im Ofen backen. Lauwarm oder kalt servieren.

GUT ZU WISSEN Fruchtfleisch, Öl oder Milch, frisch oder getrocknet, im Ganzen oder geraspelt – Kokosnüsse lassen sich in vielen Formen in der Küche verwerten. Von ihrem Nährstoffgehalt her sind sie obendrein sehr gesund, obwohl sie für Obst ungewöhnlich wenige Kohlenhydrate und viel Fett enthalten. Im Gegensatz zur früher gängigen Einschätzung sind ihre Fette nicht gesundheitsschädlich, auch wenn sie überwiegend aus gesättigten Fettsäuren bestehen.

TIPP Wenn Sie mögen, kleiden Sie die Förmchen vor dem Füllen mit Karamell aus.

Saftiger Apfelkuchen

Das zarte, durch und durch saftige Backwerk ist im Handumdrehen fertig und gelingt immer. Der Joghurtbecher dient zugleich als Messbecher für die übrigen Zutaten. Ein Milchprodukt, Mehl, Zucker, Öl und Eier – Kuchenbacken kann so einfach sein!

Zutaten
Für 6 Portionen

2 große Äpfel
1 Tütchen Vanillezucker
1 Becher Joghurt natur
2 Becher Zucker
3 Becher Mehl
1 Becher Raps- oder
Walnussöl
3 Eier
½ Tütchen Backpulver
1 Prise Salz
Butter und gemahlene
Mandeln für die Backform
Mandelblättchen zum
Garnieren

Den Backofen auf 180 °C vorheizen. Eine Kastenform mit Butter einfetten und mit gemahlenen Mandeln bestreuen. In einer Rührschüssel den Joghurt mit Zucker, Eiern, Mehl, Backpulver, Salz und Öl vermengen. Jede Zutat gründlich unterziehen.

Die Äpfel waschen, schälen und die Kerngehäuse entfernen. Das Fruchtfleisch in feine Scheiben schneiden und auf dem Boden der Form verteilen. Den Teig auf die Äpfel geben und den Kuchen 20–30 Minuten backen.

Als Garprobe ein Küchenmesser in den Kuchen stechen. Kommt die Spitze trocken wieder heraus, ist der Kuchen gar. Den Kuchen aus dem Ofen nehmen und vor dem Stürzen abkühlen lassen. Mit Mandelblättchen bestreut servieren.

GUT ZU WISSEN Die meisten Apfelsorten enthalten besonders leicht verdauliche Ballaststoffe.

TIPP Aus dem Grundrezept für den Teig lassen sich weitere leckere Kuchen zaubern, etwa mit anderen Obstsorten, mit Zitrone, Kakaopulver, Mandeln, Kokosflocken oder Schokoladenstückchen.

Backpflaumen-Muffins

Diese originellen Muffins bieten sich immer an, wenn Sie nicht nur Ihre Geschmacksknospen, sondern auch Ihren Darm anregen möchten. Backpflaumen sind dank vieler Ballaststoffe, Kalium und Sorbitol ideal zum Beschleunigen der Darmpassage.

Zutaten
Für 12 Muffins

100 g Mehl
100 g Maisstärke
100 g Puderzucker
100 g gemahlene Mandeln
200 g entsteinte Backpflaumen
1 Tütchen Vanillezucker
1 Tütchen Trockenhefe
2 Eier
2 Becher Joghurt natur
200 ml Milch
Einige Tropfen Vanillearoma

Den Backofen auf 180 °C vorheizen.

In einer großen Rührschüssel Mehl, Stärke, Zucker, gemahlene Mandeln und Hefe vermengen. In einer zweiten Schüssel die Eier verquirlen und mit Joghurt, Milch und Vanillearoma verrühren.

Die Backpflaumen in kleine Stücke schneiden, zum Mehl geben und vorsichtig unterheben. Die Eiermasse dazugeben und alles gut verrühren.

Den Teig in Muffinförmchen füllen und 25 Minuten backen. Vor dem Stürzen ein paar Minuten abkühlen lassen.

GUT ZU WISSEN Dank ihrer vielen Ballaststoffe und Phenolverbindungen haben Backpflaumen eine abführende Wirkung und regen die Verdauung an. Gelegentlich oder auch regelmäßig verzehrt, sind sie ein probates Mittel gegen Verstopfung.

TIPP Sind die Backpflaumen zu trocken, weicht man sie ein paar Stunden in Wasser ein, bis sie wieder geschmeidig sind. Anschließend kann man sie »einfach so« verzehren, aber auch süßen oder pikanten Speisen hinzufügen: Joghurt oder Müsli, Säften, Kompott, Pudding, Aufläufen, Pfannkuchen, Füllungen sowie Geflügel- oder Wildgerichten.

Dank

Ein großes Dankeschön geht an Bérénice – sie vertraute mir dieses Buchprojekt an. Es hat mir viel Spaß gemacht. Dank an Aline und Isabelle für die wundervollen Bilder zu meinen Rezepten, an die Éditions Mango für ihre Bereitschaft, Bücher über Wohlbefinden und gesunde Ernährung zu publizieren. Danken möchte ich auch meinen Patienten, meiner Familie und meinen Freunden für ihre Unterstützung, allen voran Gérard, Julien und Lou, die Tag für Tag nicht von meiner Seite wichen.

© Mango, Paris – 2017
Originaltitel: Digestfood
ISBN: 978-23-17015-41-0

Redaktionsleitung: Anne la Fay
Lektorat: Bérénice Taveau
Artdirection: Julie Mathieu
Satz: Lucile Jouret
Korrektorat: Sabrina Bendersky

Umschlagillustrationen © Shutterstock

© der deutschen Ausgabe: Ullmann Medien GmbH

Übersetzung aus dem Französischen: Birgit Lamerz-Beckschäfer
Redaktion: Dorit Aurich | www.lektoratplus.de
Satz: Dirk Brauns

Gesamtherstellung: Ullmann Medien GmbH, Potsdam

Printed in Slovenia, 2017

ISBN 978-3-7415-2218-5

10 9 8 7 6 5 4 3 2 1
X IX VIII VII VI V IV III II I

www.ullmannmedien.com
info@ullmannmedien.com
facebook.com/ullmannmedien
twitter.com/ullmannmedien

Entdecken Sie unsere Reihe
Balance Food:

ISBN 978-3-7415-2195-9

ISBN 978-3-7415-2194-2